〈同時代〉ブックレットシリーズ

「名ばかり店長」「名ばかり労組」じゃたまらない

「すかいらーく」「マクドマルド」「JOMO系GS」の罪と罰

過労死・労災の実態と闘い

過労死をなくそう！龍基金／編

〈龍基金〉中島晴香・須田光照
〈対談〉雨宮処凛×佐高信
〈寄稿〉石川源嗣（全国一般東京東部労組副委員長）
五十嵐仁（大原社会問題研究所所長）

JN271613

同時代社

目次

序章　「名ばかり店長」と「名ばかり労組」　須田　光照……5
厚生労働省の「名ばかり指導」／経営者はホワイトカラー・エグゼンプションをあきらめてはいない／労働組合は誰のためにあるのか／過労死をなくそう！

第一章　夫は龍のように生きたかった——「龍基金」はどうしてできたか　中島　晴香……11
夫の過労死事件の概要／会社との合意書／基金の設立

第二章　死なないで、店長！　道は拓ける
「中島富雄賞授与式」における報告……14
1　JOMO系GSと〈すかいらーく〉で起きた過労死・被災事件　須田　光照……14
くも膜下出血で倒れた橋直彦さん（アジア商事）／またしても〈すかいらーく〉！／企業内労働組合の罪／泣き寝入りをしないで
2　夫はくも膜下出血、一命をとりとめたが（JOMO系GS）　橋　美智代……19
3　〈すかいらーく〉は息子に謝罪を　前沢笑美子……21
4　私は「名ばかり管理職」——現役店長の陳述書　高野　廣志……22
▼提訴に至るまでの経緯◆マクドナルドの成果主義／地獄の日々、そして闘いへ
▼今こそ過労死防止法を◆決意したあの日を忘れない

第三章　「名ばかり労働組合」って何？……30

1　「強い店長」求める企業内労組の罪　須田光照……30

2　どんな労働組合でも、いいわけではない　石川源嗣……33

はじめに／全国一般東部労組コナカ支部の場合／全国一般全国協コムスン労働組合の場合／札幌地域労組ノテ福祉会支部の場合／労働組合とは何か

3　「名ばかり労組」にならないために（寄稿）　五十嵐仁……42

もっと「怒ってくれ」／「名ばかり労組」ができる三つの背景／企業側がつくる「第二組合」／「労働組合」とはいえない組合――カンパニー・ユニオン／労働組合員という自覚――入りたい人が入る組合を／〈すかいらーく〉労働組合とUIゼンセン同盟／なくならない過労死問題／『労働経済白書』にみる政財界の変化／労働再規制へ――労働組合の正念場／経営者は労働者の健康を第一に／チェック機能としての労働組合

第四章　過労死ノー！　生きさせろ　〈対談〉雨宮処凛×佐高信……57

「自己責任」という言葉／フロア長になった弟は／我々の世代の罪／組合に行くっていう発想を潰されているんです／ジャングルの自由に戻すこと／日本企業は「修」身雇用／上司から顔を踏まれて／トヨタという名前はメディアに出ない／仕事と住む所を同時に失う世界／労働運動の一つのいい形／日本の会社は宗教みたい／普通の人が立ち上がるときが一番恐い／丸裸で戦場に放りだされている状態／教師は実際の現実を知らない／労働組合を信じるなと言うオジサン／連合の高木会長はどうでした？／間違いだと気付くのに一〇年かかった気がするんです／韓国の人たちとも連帯をしていきたい

序章 「名ばかり店長」と「名ばかり労組」

須田光照（「過労死をなくそう！ 龍基金」事務局）

◎厚生労働省の「名ばかり指導」

厚生労働省が九月九日（二〇〇八年）、「名ばかり管理職」についての判断基準を定めた通達（「多店舗展開する小売業、飲食業等の店舗における管理監督者の範囲の適正化について」）を全国の労働局に出した。マスコミは「指導強化へ」の見出しで大々的に報じた。

長時間労働と過労死の温床となっている名ばかり管理職について、私たちは厚労省に法律を厳格に適用し、違法企業を是正指導するよう繰り返し要請してきた。ところが、今回の通達は私たちの思いとは大きくかけ離れた、期待を裏切る内容と言わざるをえない。「指導強化」とは名ばかりで、これまでの判例や行政解釈、あるいは労働基準監督署が現場レベルで判断してきた要件を緩和するものになっている。

名ばかり管理職とは、十分な権限や報酬も得ていないのに管理監督者（労働基準法四一条第二号）扱いされて労働時間の規制や残業代支払いから除外されている従業員のことをいう。これまで管理監督者かどうかは①経営者と一体的な立場で仕事をしている②出退勤の自由がある③一般社員と比べてふさわしい待遇（賃金）がある——の大きく三つで判断されてきた。

しかし、今回の通達は「管理監督者性を否定する重要な要素」として「アルバイト・パート等の採用（人選のみを行う場合も含む）について責任と権限がない」「部下の人事考課について職務内容に含まれず、実質的にも関与せず」「遅刻、早退等により減給の制裁、人事考課での負の評価など不利益な取扱いがされる」「時間単価換算した場合にアルバイト・パート等の賃金額に満たない」「時間単価換算した場合に最低賃金額に満たない」——などをあげている。

これまでの判断基準と比べると、ハードルがぐんと下げられているのは明らかだ。たとえアルバイトの採用面接をしていたとして、なぜ管理監督者に該当するのか。賃金額をアルバイトと比較すれば、正社員である店長らが上回っているのは目に見えている。最低賃金を持ってくるに至っては問題外だ。こんな基準で「経営者と一体」かどうかが計れるはずがない。

通達では「これらの否定要素が認められない場合であっても、直ちに管理監督者性が肯定されることになるものではない」と記しているものの、判断要素さえクリアーしていれば管理監督者だと言い張る経営者が続出するだろう。実際、日本マクドナルドの「名ばかり店長」裁判では会社側がさっそく、この通達を証拠として提出してきたという。

こうした厚労省の「名ばかり指導」が出た背景には、財界からの猛烈な巻き返しがあったからではないか。

この間、マクドナルド、紳士服のコナカ、すき家、ショップ99、セブンイレブン、洋服の青山……日本全国の街角にあるチェーン展開の小売店や飲食店で次々と「名ばかり店長」が立ち上がった。過労死するまで働かされる、ノルマを果たすために自腹で商品を買わされる、店長になってから給料が下がった、上司からの暴力や暴言を受けている。「もうガマンできない！」という当事者の声が、名ばかり管理職という経営者による悪らつなやり口を社会的に明らかにし、裁判の勝利や行政からの是正指導を引き出した。

「潮目が変わった」というのは、最近よく耳にする言葉だ。八〇年代から労働法制の規制緩和が続いた結果、「ワーキングプア」「ネットカフェ難民」「日雇い派遣」「偽装請負」などといった働く人を取り巻く状況の厳しさを表す言葉があふれていた。そうした中で名ばかり店長たちの勇気ある告発とたたかいは世論の支持を集め、労働者側の反転攻勢を強く印象づけた。

◎経営者はホワイトカラー・エグゼンプションをあきらめてはいない

この間、日本経団連は労働時間の規制を撤廃し、サービス残業を合法化する「ホワイトカラー・エグゼンプション」制度の導入を求めてきた。名ばかり管理職のような働き方、対象者をいっそう拡大するものである。しかし、マスコミからは「過労死促進法」「残業代ゼロ法」と名づけられ、労働組合などの強い反発によって法制化は棚上げされたままだ。

「一日八時間」という労働時間の規制は、働く者にとって最低限の権利である。今から約一二〇年前の一八八六年五月一日、アメリカ・シカゴの労働者三五万人が八時間労働制を求めてストライキに突入した。八人の組合リーダーは逮捕され、「死刑判決」（四人は絞首刑、一人は獄死、三人はのちに無実で釈放）を下された。この事件がメーデーの起源となり、全世界で労働者が八時間労働制を要求し立ち上がった。血を流して必死で闘いとった権利を絶対に奪われてはならない。

経営者側はホワイトカラー・エグゼンプションの導入をあきらめてはいない。現在の名ばかり管理職をめぐる労使の攻防が、その行方のカギを握っているといっても過言ではない。

◎労働組合は誰のためにあるのか

人間らしい働き方と暮らしを手に入れたい、という私たちの願いを阻んでいるのは企業や政府だけではない。本書はもう一つの存在をあげている。「名ばかり労働組合」。今はまだほとんど使われていない言葉である。ただ、多くの人がぼんやりと抱いている疑問や不満を形にした言葉である。

過労死、長時間労働、名ばかり管理職などの労働相談を受けていて、ずっと気になることがあった。相談者に対して、労働問題の根本的解決には個人では限界がある、集団的な労使関係がどうしても必要です、と労働組合の結成や加入をすすめると、「いや、労働組合はすでにあるんです」と答える相談者が最近目立つ。いずれも名の通った大企業だ。「でも、労働組合じゃないんです」と、その人たちの話は続く。

労働組合法の第二条には「この法律で『労働組合』とは、労働者が主体となって自主的に労働条件の維持改善その他経済的地位の向上を図ることを主たる目的として組織する団体又は連合団体をいう」と定めている。こうした目的で活動しているはずの労働組合があるのに、なぜその職場で命まで奪われるような長時間労働や理不尽なサービス残業がまかり通るのだろうか。理由を聞くと「組合は経営者と癒着しているから従業員の切実な要求や行動はしない」という答えがだいたい返ってくる。

〈すかいらーく〉労組の問題については本書でもくわしく書いているが、四月一一日付け『朝日新聞』朝刊でも大きく取り上げられた。その記事によると、〈すかいらーく〉労組は取材に対して「毎月の労使協議会で勤務状況は確認しているが、中島さんへのパワハラは報告がなかった。相談してくれれば改善要求の手だてもあったのに残念」と答えたという。

とんでもない言い訳だ。過労死した中島さんは生前「このままでは会社に殺される。しかし、会社の労組に訴えれば会社に筒抜けになる」と妻の晴香さんに語っていたのだ。企業内労組ではなく企業外のユニオンや労働相談センターなどに相談せざるをえない従業員の気持ちを想像し、自分たちのあり方を反省する視点がなぜ持てないのだろうか。

労働組合とは何のため、誰のためにあるのか。非人間的な労働状況が横行している今だからこそ考えなければならない。

◎過労死をなくそう！

本書に出てくる名ばかり店長や過労死遺族は大それたことを求めているわけではない。当たり前のことを求めているだけだ。

「自分には子供が男の子三人います。自分の職場にも高校生や大学生の子たちがいっぱいいます。その子たちに将来『過労死』だけは絶対させないためにも僕は今回のこの『名ばかり管理職』というものがクローズアップされている、今この動きの中でできる限りの努力をしたい」

本書に収められているマクドナルド店長の高野さんの言葉である。過労死をなくしたい、こんな当たり前のことが実現できないのはなぜか。

私たち労働者側は「潮目が変わった」だけで満足し、とどまることはできない。「過労死をなくそう！」の声をあげ、働く者の尊厳を守る運動を大きなうねりにしなければならない。本書がその一助になることを切に願っている。

須田光照（すだ・みつてる）
一九七一年生まれ。元『朝日新聞』記者。「過労死をなくそう！　龍基金」事務局次長。全国一般労働組合全国協議会東京東部労働組合書記次長。共著に『使い捨て店長』（洋泉社）がある。

第一章

夫は龍のように生きたかった——「龍基金」はどうしてできたか

中島晴香（「過労死をなくそう！　龍基金」代表）

私の夫、中島富雄は株式会社すかいらーく（本部・東京都武蔵野市）に二五年間にわたり勤務しましたが、二〇〇四年八月一五日、過労死によって四八歳で亡くなりました。「会社を正すのがぼくの使命だ」と夫は生前語っていました。その意志を継いで私は会社と闘い、現在は過労死の根絶と働く人の地位向上をめざすために、二〇〇六年一二月一日に設立した「過労死をなくそう！　龍基金」の代表を務めています。

◎夫の過労死事件の概要

夫・中島富雄は入社以来、〈すかいらーく〉系列のファミリーレストラン店長を務めてきましたが、二〇〇二年からは「支援担当」の店長として複数の店舗を任されていました。その頃からとくに忙しくなり、早朝から深夜まで働く日々が続きました。

二〇〇四年八月五日朝、出勤前にめまいと吐き気を訴えて、自宅の玄関先に倒れ込みました。そのまま入院し、一〇日後、息を引き取りました。死因は脳梗塞でした。

「このままじゃ会社に殺される」。倒れる前日、夫は「NPO法人労働相談センター」に電話で訴えていました。残業時間は月平均で一三〇時間。直近の月は一八〇時間を超えていました。しかし、残業代は「店長（管理職）だから」との理由で支払われていませんでした。私の夫も「名ばかり店長」「名ばかり管理職」だったのです。上司である地区長からは「年寄りは仕事が遅い分、長く働くんだ」「言うこと聞けないならやめろ」「こじきになれ」などの暴言＝パワーハラスメントを受けていました。

残業代を請求し、会社と闘う決意を固めていた矢先の突然の死でした。私は夫が入るはずだった「全国一般東京東部労組」に加入し、夫の代わりに会社との闘いに立ち上がりました。

夫の詳細な勤務記録を労基署に提出。数度の交渉を経て、国の認定基準をはるかに上回る長時間労働が証明され、二〇〇五年三月に過労死と認定されました。会社とは約二年間にわたり団体交渉を重ねました。その過程で、夫が請求するはずだった未払い残業代約七〇〇万円を取り戻しました。再発防止策をめぐっては議論が続きましたが、二〇〇六年七月二六日、ついに和解に至りました。

◎会社との合意書

遺族、組合、会社の三者で交わされた合意書では、過労死について会社は遺族に「深く謝罪する」と記しました。さらに職場の改善に「真摯に努力することを誓う」とあります。

再発防止のために社長名のメッセージを全社員宛に送ることを合意し、毎年の命日までに職場の改善状況を報告することも約束させました。パワハラの張本人である地区長による謝罪も盛り込みました。そのうえで逸失利益や慰謝料という名目で、会社から遺族に損害賠償を支払わせました。

◎基金の設立

私は会社からの賠償金をもとに、過労死を絶滅し、労働者・労働組合の地位向上を目指す闘いにあてるための基金を設立しました。基金の総額は、三〇〇〇万円。生前の夫が「龍になりたい」という言葉をよく口にしていたため、「龍基金」としました。

基金の主な活動は、過労死や過労労災の被害者への支援のほか、過労死闘争や労働者の地位向上に貢献した個人・団体を選考し、「中島富雄賞」として毎年開く記念集会の場で表彰することです。二〇〇八年は八月二日に開催し、高野廣志（日本マクドナルドの現役店長・マクドナルド裁判原告）さんを表彰しました。

第二章　死なないで、店長！　道は拓ける

二〇〇八年八月二日「中島富雄賞授与式」における報告

1　JOMO系GSと〈すかいらーく〉で起きた過労死・労災事件

須田光照

「龍基金」の活動は、過労死や過労自殺あるいは過労労災、こうした被災者や遺族を私たちのほうでいろいろな形でバックアップ、支援、援助をしていくということが大きな柱になってきました。

この点につきましてはこの一年間、主に以下二人の方々の事件について取り組んできました。一人は、JOMO系GSの「アジア商事」という会社で働いていた橋直彦さんの問題です。もう一人は、「龍基金」創設者の中島さんと同じ〈すかいらーく〉で店長として勤めていた前沢隆之さんの過労死の問題です。この二

つの問題を私たちは取り組んできました。

●くも膜下出血で倒れた橋直彦さん（アジア商事）

橋直彦さんは、一昨年（二〇〇六年）の一一月、当時三八歳だったんですけれど、非常に過重な労働で、くも膜下出血で倒れました。橋さんは「アジア商事」といって、ジャパン・エナジー、ジョモ・グループ系列のガソリンスタンドで勤めていました。この会社は関東一円にGSを展開している会社です。橋さんはこのチーフ・スーパー・バイザーという肩書がついていました。

彼は治療と懸命な看護によって奇跡的に一命はとりとめました。しかし、前頭葉の一部を摘出するという手術の結果、記憶障害、一級障害という重い障害が残ってしまいました。今も病気と闘っているという状況です。

この橋直彦さんの労働実態はどういう働き方をしていたか。妻の橋美智代さんが育児手帳に毎日夫の帰宅時間、出社時間をつけていました。それを根拠に考えると、一年間に一日しか休みがなかった。休んでいるのは一月三日だけです。そして一日あたりの労働時間ですが、二〇時間を超えるような働き方は当り前だった。三〇時間以上働いているというような日もあった。過重労働を強いられていたことがわかります。

その後、いろいろな経緯を経て橋美智代さんは「龍基金」に相談に来たわけです。相談の結果、彼女は私たちの協力団体である全国一般東京東部労働組合に加入しました。そして、会社と団体交渉をしました。すると、会社側はこうした労働実態を否定するわけです。会社のほうは、自分たちは橋さんに「休め休め」と繰り返し言っていたというようなことを言うわけなんです。つまり、橋さんがくも膜下出血で倒れたのは自己責任ではないかと言わんばかりなのでした。

そういう中で、橋美智代さんやご家族を先頭に、私たちは会社に対して一〇〇人規模の抗議行動をやりました。あるいは労働基準監督署（労基署）とも交渉を重ねました。そんなねばり強い交渉の結果、まず二〇〇七年六月、労働基準監督署から過労労災であるという認定を勝ちとることができました。

さらには会社と団体交渉を重ねた結果、二〇〇八年の五月二二日、会社は家族と被災者橋直彦さんに対して深く謝罪をするということになりました。さらに相応の解決金を払う、そして二度と過労労災をアジア商事の中で起こさないように対策を講じ、これを実施するということを認めました。私たちの主張をほぼ全面的に認める形で合意書を締結したわけです。勝利的解決の報告ができることを喜んでいます。

またしても〈すかいらーく〉！

過労死で亡くなった前沢隆之さんの問題とはどういうことか。

前沢さんは中島さんと同じ〈すかいらーく〉の店長でした。彼は埼玉・栗橋店の店長、といっても契約社員です。契約店長という肩書で働いていました。

亡くなったときは三二歳でした。前沢さんの働き方も非常に異常な長時間労働をさせられています。お母さんの前沢笑美子さんの証言では、毎朝六時、七時に家を出かけて、帰ってくるのは夜中の二時、三時というのを繰り返している、ということでした。会社の記録でも月に休みは三日というものでした。非常に過酷な労働を強いられていた。

残業時間はどうなっているか。笑美子さんの証言をもとに計算してみると、おそらく月の残業時間は二〇〇時間を超えるだろうと思われます。ところが、です。会社のタイムカードでは、三九時間とか四〇時間とかいうような時間しか記されていない。そういうタイムカードが存在する以上、労災認定はなかなか通らないんじゃないか、笑美子さんはそう思われた。だが、釈然としない笑美子さんは私たちのところに相談に来て、私たちの協力団体である全国一般東京東部労組に加入することにしました。

こうして私たちは会社と団体交渉をおこなうことにしました。また、労働基準監督署にも要請行動をおこないました。とにかくこの会社の時間管理は虚偽である、実態を全く表わしていない、と強く主張したわけです。会社に立ち入って、証拠を押さえろという要請活動を重ねてきました。

その結果、ついに二〇〇八年六月、労働基準監督署から過労死であるという労災認定がおりました。それを受けて、七月一七日に厚生労働省のほうで記者会見をしました。さらにこの過労死の認定を受けて、会社側との初めての団体交渉が行われることになったわけです。闘いは現在進行中です。

「またしても〈すかいらーく〉か」というのが私たちの気持ちです。「龍基金」のもとになった中島富雄さんも〈すかいらーく〉でした。中島さんのとき、〈すかいらーく〉は二度と過労死を起こさないと約束しました。そうしておきながら、今度は三二歳という若い命を奪った。私たちは本当に怒りをもって団体交渉にのぞむつもりです。そして、前沢さんに対する真剣な謝罪と、本当の意味での再発防止を強く求めていきたいと思っております。

二〇〇八年七月二七日、協力団体であるＮＰＯ法人労働相談センターと協力しながら、過労死・過労自殺・過労障害・集中労働相談というのを一日実施しました。一日だけで、電話が六九本、そして来所が三件。合計七二件の相談が寄せられました。これは本当に過労死や過労自殺をした遺族の、また、実際に今長時間労働、あるいは職場のストレスで苦しんでいる労働者がいかに多いか、それを反映していると思います。

◎企業内労働組合の罪

私たちはその相談を受けていて二つのことに気づきました。

一つは相談に寄せられている人たちの多くが今、その職場で労働組合があるという問題です。その労働組合ではこうした長時間労働や過労死の問題にどういうふうに取り組んでいるのか、ということです。大企業の労働組合です。

そうしたところで実際に過労死や過労自殺で悩んでいる人たちがいる。あるいは長時間労働で苦しんでいる労働者がいる。こうしたことを、どう考えればいいのでしょうか。

実際、〈すかいらーく〉では〈すかいらーく〉労働組合にも過労死の責任がある、と私たちは考えています。というのは、〈すかいらーく〉労組の吉田弘志委員長は、中島富雄さんが亡くなったあと、「店長は誰の助けもなく、忙しさも半端ではありません。しかし、本当にできる店長、つまり強い店長は、その中でも休みを取れるのです。ここまで行くにはそれだけ人間的魅力がなくてはなりません」というような発言をしているのです。あたかも中島富雄さんが魅力のない店長であるというような、遺族を冒涜するような発言をしている。こうしたことに対して、私たちは謝罪を求める民事調停を申し立てました。

調停の場が三回もたれましたが、〈すかいらーく〉労組の委員長は、あくまでも謝罪も発言の撤回もしませんでした。そして二〇〇七年一二月、調停は決裂しました。私たちは引き続き〈すかいらーく〉労組をはじめ大企業の労働組合、企業内労働組合に、自覚をうながす活動をつづけたいと考えています。組合には労働者の生命を守り、過労死や過労自殺を防ぐ責任があるんだということを、強く社会的にアピールしていきたいと思っております。

◎泣き寝入りをしないで

そして、もう一つ、過労死の相談で気づく点としては、自分の息子や夫が過労死や過労自殺で亡くなっているにもかかわらず、企業に対して謝罪や補償を求めるのを躊躇する、あるいは労災申請をするのを躊躇する、そうした人たちが非常に多いということです。そういう意味では私たち「過労死をなくそう！　龍基金」として声をあげた人、勇気を持って声をあげた人たちを全面的に支え、そして未だ声をあげずに泣き寝入りしている人たちを少しでも励ますことができるように力強く運動を今後も展開していきたいと思います。

2　夫はくも膜下出血、一命をとりとめたが（ＪＯＭＯ系ＧＳ）

橋美智代

私の夫の橋直彦は二〇〇六年一一月、仕事中にくも膜下出血で倒れました。息子が生後七ヶ月のときでした。夫はガソリンスタンドのＪＯＭＯの子会社のアジア商事で二〇年間働いていました。朝早くから夜遅くまで働き毎日とても疲れて帰ってきました。倒れた年の休みは半年、一日だけでした。休みたくても休めないと申していました。そしてついにくも膜下出血で倒れてしまいました。とても重い症状でしたが、奇跡的に一命をとりとめ意識を戻しました。そして精神障害と身体障害者になり、今日が何月何日かもわからない記憶障害が残っています。

私は、もしかしたらこんな働き方をしていたら夫は倒れてしまうのではないかと思い、子供の育児日記の片隅に夫の出勤時間、帰宅時間の記録をつけていました。結果的にこれが労災認定にとても役立ったと思います。そして知り合いに新聞の「過労死をなくそう！龍基金」の切り抜きをもらい、中島晴香さんの存在を知り、晴香さんと会いたい、文通したいという目的で連絡をしました。いろいろ話を聞きよく考えて東京東部労組に入りました。東部労組と会社との団体交渉で長時間労働が証明できる資料を求め労働基準監督署に提出し、二〇〇七年六月に労災が認定されました。そして東部労組と会社との話しあいで裁判を起こすことなく、二〇〇八年五月に謝罪と解決金を支払うこと、職場での労働環境の改善につとめ、過労労災が二度と出ないよう再発防止策を実施するという内容で会社と合意をしました。

解決できたのは約一年半、いろいろな形で支援、協力してくださった東部労組の方々、会社の元同僚、この問題を取り上げていただいたメディアの皆さんのおかげです。過労死弁護団事務局長の玉木一成弁護士からは貴重なアドバイスをいただきました。そして、中島晴香さんにお礼を申し上げたいと思います。夫の富雄さんが亡くなって四年が経とうとしていますが、とても辛い日々だったと思います。そんな中、いつもメールとか電話をして励ましてくれてどうもありがとうございました。皆さんに感謝を申し上げます。

しかし、まだまだ私の夫の介護は続きます。同じ悲しみを繰り返さないため、長時間労働をなくしていかなくてはいけないと思います。そして「過労死をなくそう！龍基金」がもっと世の中に知れ渡って、あきらめてしまっている人たちに希望を与えてほしいと思います。中島賞の授賞式の回数が増えていくことを応援したいと思います。

3 〈すかいらーく〉は息子に謝罪を

前沢笑美子

息子の隆之はまるでとりつかれたかのように毎日朝七時頃から夜の一時、二時までの勤務を一年余り続け、その結果体調不良になり入院、八日後、脳出血で帰らぬ人となりました。過労死でした。早いもので息子が亡くなってから九ヵ月が過ぎ、今月が新盆です。二〇〇七年七月二八日に三二回目の「お誕生日おめでとう」が最後の言葉となり、今年は伝えることができなくなりました。あと四〇回も五〇回もおめでとうを言ってもらえたであろうと思うと、今、母親として、子供を守ってあげられなかったことへの自責の念にかられ、耐え忍んでおります。と同時に会社や会社の労働組合に対しては口惜しさで一杯です。直属の上司や労組の幹部の心ない言動に今でもそのときの顔が浮かび、思い出すたび胸が苦しくなるんです。信頼できない会社や労組、入口も出口もない真っ暗闇の中、息子の四九日少し前に、東京東部労組の方々と相談することが実現でき、労働基準監督署との交渉の結果、過労死であるという労災認定が出ました。

企業優先のこの時代に生まれてきたことは息子の運命だったかもしれません。しかし、運命だと言ってあきらめ、何もしないで悲しんでばかりでは何も変わらないし、終わらない。同じ悲しみを、苦しみを、もう誰にも味わせたくない。勇気を出して正義を語っていくのが遺された遺族、私たちの使命でもある。会社と〈すかいらーく〉労働組合に対し謝罪と補償、そして再発防止のための労働管理の是正を求めていこうと思っております。

4　私は「名ばかり管理職」——現役店長の陳述書

高野廣志

《高野廣志（日本マクドナルドの現役店長・マクドナルド裁判原告）さんは、現役店長という立場で大企業である日本マクドナルドを相手に裁判に立ち上がり、過労死や長時間労働の温床となっている「名ばかり管理職」を社会問題化し働く人の地位向上に貢献しました。こうした観点から中島富雄賞選考委員会では第二回の受賞者に選出しました》

【高野廣志さん略歴】

一九六一年、東京生まれ。家族は妻と三人の息子。八七年二月、日本マクドナルド入社。関東圏の店舗を転々とし、九九年に店長に昇格。現在はマクドナルド「125熊谷店」で店長をつとめる。二〇〇五年五月、東京管理職ユニオンに加入。同年一二月、肩書きだけ与えて長時間労働とサービス残業を強いる「名ばかり管理職」問題で東京地裁に提訴。二〇〇八年一月、勝訴判決。現在は東京高裁での控訴審で係争中。

東京管理職ユニオン連絡先

〒一六〇-〇〇二三　東京都新宿区西新宿四―一六―一三　MKビル2F
電話〇三―五三七一―五一七〇　FAX〇三―五三七一―五一七二

▼提訴に至るまでの経緯……………（高野廣志さんの陳述書から）

◎マクドナルドの成果主義

私は、日本マクドナルドに一九八七年に入社し、一九九九年に店長に昇格しました。現在は、「125熊谷店」の店長をしております。

マクドナルドでは、二〇〇三年から給与査定が変わり、成果主義が採用されました。このため、人件費を厳しくコントロールすることが求められ、店長がなるべく自らシフトに入らざる得なくなっていきました。

私は、二〇〇三年二月から高坂店に異動し、時間外労働が月一〇〇時間にも及ぶようになり、過労による居眠り運転の危機を感じながら仕事をしていました。この年は、会社の成績評価で上から二番目の評価をいただきました。

二〇〇四年上期には、前年下期に、近くに競合店ができていましたが、会社の目標値は、前年の実績をベースにしており、競合店ができたことが一切考慮されず、目標達成は困難でした。売上げが徐々に減少する中で、少しでも利益を上げようと、生活の大部分を仕事に費やすようになりました。

家族との会話もなくなり帰宅するのが苦痛に思えることもありました。このままなら離婚されてもしょうがないかなと真剣に考えていました。結果はほぼ予想通り、業績目標は達成できず、次男の卒業式では寝てしまう始末で、家族との絆は綻びはじめました。

◎地獄の日々、そして闘いへ

二〇〇四年下期は私にとって地獄でした。まず七月にいままでいた部下が、コスト削減のため、他店に異動させられました。一二月にはもっとも頼りにしていた契約社員が正社員になり、替わりに新入社員が配属されて大幅に戦力ダウンになりました。

二〇〇五年一月に仕事中ぎっくり腰になり、労災認定されますが、翌日には替わりのスタッフがいないため、完治していないのに勤務せざるを得ませんでした。

一月下旬に現在の125熊谷店に異動させられました。この店舗にきて愕然としてしまいました。まず時間帯責任者三名のうち一人の女子フリーターが過労により入院していました。

一八歳以上のアルバイトが一人もおらず、昨年の秋より採用できませんでした。一五名しか勤務者がおらず、正月に主婦のアルバイトが勤務していたり、朝六時から八時まで一名で店舗運営をするなど労働環境はどん底でした。

そのような店舗がなぜ成り立っていたかといえば、私が引き継ぐまで、この店舗は熊谷バイパス店舗の衛星店舗であり、他の店舗からの応援でまかなわれていたからです。

この店舗に配属され、まず二月、三月はスタッフの確保からおこなうことになりますが、特に二月は、私が住んでいる町内で不幸があった際にお手伝いをする当番にあたっていたのですが、私は何もできず、妻が全てを一人で切り盛りせざるを得ませんでした。妻は、最後には過労で倒れ、病院で点滴をうけましたが、それでも何も手助けすることができませんでした。

息子から「僕たちが死んでもお葬式にも参列できないね」と言われても、何も言い返すことができませんでした。長男の受験の時期でしたが、何も協力してあげることが出来ませんでした。今思えば唯一合格発表に立ち会えたことが心の救いです。

四月には、店舗の中心として勤務していた主婦の時間帯責任者が退職してしまい、またしても、休みを取ることができなくなりました。四月の春休みには家族と泊まりで旅行に行く予定になっていましたが、これも行けなくなってしまいました。妻の悲しい顔を思い浮かべると、直接告げることができず、手紙で謝りました。

このころ、手のしびれを初めて経験したため、勤務を早退し病院にいきました。「症候性脳梗塞」との診察を受けました。

五月に労働基準監督署の調査が入り、やっと環境面は若干改善されましたが、上司からは、「お前の家族が労基署に垂れ込んだんだろう」とあらぬ疑いをかけられました。労基署が調査に入ったため、定例会議でこの件が議題になりましたが、上司からは、「店長は管理監督者であり、自己責任だ」とばっさり切り捨てられました。

私は、これではいつか過労死するだけだと考え、ユニオンに加入しました。上司からは、脱退するようにと言われ、強い圧力を受けました。

ユニオンに加入して多くの仲間と知り合い、多くの職場で店長という名のもとに同じような過酷な労働を強いられている人が沢山いることを知りました。

私たちのような働き方をしている労働者が、労働基準法の保護を受けられない管理監督者といえるのでしょうか。

この裁判では、多くの同じような境遇にある人たちとともに、人間らしく、家族と一緒に過ごせるような働き方を実現するために、がんばっていきたいと思っています。

▽今こそ過労死防止法を……………………高野廣志

まず申し上げたいのは、過重労働で亡くなられた方、体調不良になられた方は、たぶん、みんな会社が好きで、がんばり過ぎるぐらいまじめに仕事をしていたんだと思うのです。それはわかっていただきたいと思います。その結果、過労で体調不良を起こした方、亡くなられてしまった方、その遺族の方、周りの方たちの生活はほんとうに激変してしまう、これもわかってほしいと思います。

幸い僕は長時間労働が原因で脳梗塞になって、その診断を受けたときに、仕事より家族だ、家族があっての仕事だということがわかりました。今、家族といろいろな形で向き合えるようになったのは、そのことがきっかけだと思います。

そして、二〇〇八年一月に判決が出て、過労死というものを無くしていこうというような動きが出てきました。ただ、そんな中でも、やっぱりマクドナルドもそうですが、残業というのは会社が命令したものでなく本人が自分の自己責任でやっているという形のことを会社は言い続けています。自分には子供が男の子三人います。自分の職場にも高校生や大学生の子たちがいっぱいいます。その子たちに将来「過労死」だけは絶対させないためにも僕は今回のこの「名ばかり管理職」というものがクローズアップされている、今この動きの中でできる限りの努力をして、最終的には過労死防止法という形の法律ができればいいなと思っております。

◎決意したあの日を忘れない――妻・高野邦子

二〇〇八年一月に東京地裁で勝訴判決をいただいて、今は高裁で係争中です。しかし、私たちにも少しずつですが、明るい未来が見えてきたようで、最近は清々しい気持ちで、今日、二人で授賞式に参加できることをとても嬉しく思っています。

それでも、橋さんや前沢さんのお話をうかがったりすると……私たちが訴えを起こそうとした、決意したあの日のことを思い出し……実際に亡くなられてしまった方とか、今も介護とか必要な方とか……どれほど口惜しかったのかなっていう思いがとてもわかって……。

訴えを起こそうと決意をしたあの日には、今日のような場に私たちが二人で参加できるといった日が来るとは思っていませんでした。あの頃の生活は毎日が本当に精一杯で気持も全く失って悶々とした日々を過ごしていました。でも、先ほどもお話しましたように今は少しずつ、明るい光が見えてきつつあります。いろいろな希望とか夢を持つことができつつあります。こんな気持になることができたのは、あの日、決意した自分たちと、そしてそれ以降ずっと支えてくださった方々がいらしたから、今日のような日を迎えられたと思っています。

今回の裁判で多くの企業が次々と変わり始めました。それでもやはり今も苦しんでいる方がたくさんいると思います。みなさん勇気を持って立ち上がっていただきたいなと思います。

「勇気を持ってください」とか「立ち上がってください」とかありきたりのことしか言えません。けれども、見ていただいておわかりのことだと思いますが、ごくごく平凡な私たちがマクドナルドという巨大企業を相手に訴えを起こしてここまで来られたんですから、今、悩んでいるみなさん方にもきっとできると思います。どうか、悩んでいるだけではなくて、立ち上がってくださいということを、本当に切実にお伝えしたいと思います。

最近、この「過労死」という言葉、とてもおかしい言葉だと思いますけれども、「過労死」という言葉が今では世界に通用する日本語となっているようです。こんな恥かしい言葉を抹消するためにも、今、こういう大きく動き出したこの世の中の波に乗って、ひとりでも多くの方が声を上げていく必要があるのではないかと思います。

第三章 「名ばかり労働組合」って何？

1 「強い店長」求める企業内労組の罪

須田光照

「私には会社と組合がグルになっていた印象しかありません」

ファミリーレストラン最大手〈すかいらーく〉の店長だった夫を過労死で亡くした中島晴香さんが怒りに声を震わせた。向かい合った「すかいらーく労働組合」の吉田弘志委員長はうなだれたまま黙っていた。

二〇〇七年一二月二一日、東京、武蔵野簡易裁判所。中島さんと、彼女を支援する全国一般東京東部労組が「すかいらーく労組」を相手取って申し立てた民事調停は、双方の見解の溝が埋まらず、三回目で不成立が決まった。

過労死遺族が労組に法的措置を取るのは極めて異例だ。中島さん側は何度も組合に手紙を送ったが、「哀悼の意」を示すだけだった。すでに会社側は非を認め、遺族に謝罪と賠償をしている。遺族が組合側に求めているのはお金ではない。

遺族が調停で求めたのは、①過労死について労働組合としての義務を十分に尽くさなかったことへの謝罪②今後、過労死が起きない労働環境改善への努力の確認③吉田委員長が過重な業務になるのは店長の責任という趣旨の発言をしたことへの謝罪――の三点だった。

とくに、③については「夫を冒涜された」と中島さんは憤りを隠さない。その発言とは中島さんの夫、富雄さん（享年四八）が二〇〇四年八月に亡くなって間もない時期に、同労組の吉田委員長が雑誌やインターネットなどで公表したものだ。

「店長は誰の助けもなく、忙しさも半端ではありません。しかし、本当にできる店長、つまり強い店長は、その中でも休みを取れるのです。ここまで行くにはそれだけの人間的魅力がなくてはなりません」

組合員が過労死で亡くなったことに対して、本来なら真っ先に会社側に抗議し改善を要求すべき労働組合の委員長が「もっと強い店長になれ」と組合員に迫っている。過労死するのはまるで、その人間に魅力がないからだと言わんばかりの発言である。

さらに「たとえば今、一〇店舗につき、一一名の社員をつけています。これを一〇店舗に二人、強い店長一人が五店舗を見る体制ができればそれは労組にとっても、人材育成の究極の目標」と、労働強化を逆に提案している。

調停で同労組はこれらの発言を撤回せず、謝罪拒否の姿勢を崩さなかった。「ああいう会社寄りの発言が当たり前と考えているところに、あの労組の本質が示されている」と、中島さん側の代理人を務めた過労死弁護団事務局長の玉木一成弁護士は指摘する。

調停ではまた、同社の三六協定（残業時間の上限を定める労使協定）がまったく守られていないことも明らかになった。協定で「月四五時間」と定めておきながら、富雄さんの残業時間は月一八〇時間を超えていた。こうした実態を放置し、過労死を招いた責任も組合側は最後まで認めなかった。

「すかいら一くでは初代労働組合委員長が現社長に就任しているほか、三代目労組委員長は現ジョナサンの社長。最近でも私の前委員長が夢庵カンパニーの代表を、本社取締役と兼任で務めています」

これは問題の発言の中にある吉田委員長の労使協調ぶりを誇示した言葉だ。富雄さんの給与からは、毎月四五〇〇円の組合費が天引きされていた。一体、労働組合とは何であり、誰のためにあるのか。

同労組の上部団体は、約一〇〇万人の組合員を擁する民間最大の労組「ＵＩゼンセン同盟」。連合の高木剛会長の出身労組である。「組合は夫を助けてくれなかった」。中島さんの告発に、労働組合がどう応えるかが問われている。

（「週刊金曜日」二〇〇八・二・一）

2　どんな労働組合でも、いいわけではない

石川源嗣（全国一般労働組合全国協議会東京東部労働組合副執行委員長）

はじめに

日本の労働組合の組織率が年々低下し、ストライキが激減していることに対し、多くの心ある労働者は強い危惧を持ち、何とかしなければならないと考えている。

そのため、組織率向上に向けて、一つでも多く労働組合を結成するなり、ユニオンに加入させるなり、未組織労働者の組織化に専念せよと思う。またストライキが打てるような強い労働組合にするため力を尽くせと思う。

したがって、それ以外のこと、例えばある労働組合が他の労働組合について批判することを極端に嫌う。そんなヒマがあったら資本家とケンカしろと思う。私たちもそうであった。

しかし往々にして現実には私たちが組織化を進める途上において、その経営者との攻防戦の真っ最中に、妨害物として経営者と共謀する第二組合が突如立ちはだかるのである。労労対決が良いか悪いかなどという悠長な話ではない。第二組合との対決なしには組織化は一歩も前進できないのである。

次に全国一般東京東部労組、コムスン労働組合、そして札幌地域労組の三つの労働組合に対するＵＩゼンセン同盟が行った組織介入を紹介したい。

「労労対決」うんぬんという机上の一般論ではなく、まずゼンセン同盟が何をしているのかという事実を知ってほしい。その中で、「労働組合であればどんな労働組合でも、ないよりあった方がよいと言えるのか」ということをともに考えたい。

◎全国一般東京東部労組コナカ支部の場合

全国一般東京東部労組コナカ支部は二〇〇七年二月、結成された。それ以後、未払い残業代など一三億七〇〇〇万円の支払い、一日八時間のシフト制の実施、店長への「偽装管理監督者」扱いの是正、年次有給休暇の取得促進、役職定年制度の一部廃止、非人間的な店長研修の改善、パート社員の権利拡大など多くの成果をかちとってきた。

そこにちょうど一年後、突如「UIゼンセン同盟コナカユニオン」のビラや「綱領」「規約」「暫定労働協約」などの資料が全国各地のコナカ店舗に郵送されてきた。それらによると、このゼンセンの組合は今年二月に結成大会を開催し、すでに会社に結成通知を提出したとのことだ。

その「結成趣意書」には「労働時間や賃金、休日取得などの職場の不満をなくす」とか「将来に希望と誇りのもてる職場をつくっていく」とかと書かれている。これらは私たちが一年前に労働組合を結成して以来、訴えてきたこととまったく同じだ。なぜ、あえて働く人を分断させる第二組合をつくる必要があるのか。

しかし例えば「名ばかり管理職」がこれだけ騒がれているのに、ゼンセン組合はいっさい口をつぐんだままである。「名ばかり管理職」問題をごまかす会社の主張を容認し、支持しているからにほかならない。ここに彼らの第二組合としての本質がバクロされている。

第二組合づくりは、まともな労働組合をつぶすため、あるいは弱体化するために経営者が選択する常とう手段である。経営者の好き勝手に社員の賃金を下げたり配転したり長時間労働させたりするためには働く者が団結すると困る。ここにあえて第二組合、それも経営陣の言うことを聞く御用組合がつくられる根拠がある。実際、ゼンセン組合への勧誘活動にはエリアマネージャーや会社幹部が関与しているとの情報がある。とくに黙過できないのはゼンセン組合が各店舗に送付した「暫定労働協約」である。そこには、第一条で「会社は、この組合が労働条件に関する唯一の交渉団体であることを認める」とある。

この条項は、東部労組とコナカ支部を敵視し、会社側と一体になって労働条件決定の交渉から私たちを排除する意思を明らかにしたものと言わざるをえない。すべての社員の労働条件を良くしようと、まさに春闘をたたかっている真っただ中の私たちを「交渉から排除せよ」「組合と認めるな」と会社側に求めるゼンセン組合の姿勢に強い憤りを覚える。

「暫定労働協約」の第三条には「会社は、組合に加入しない者および組合より除名された者は原則として解雇する」とある。

この条項も、東部労組の組合員を解雇せよ、という意思表示と受け取らざるをえない。別の組合に所属する社員の解雇が法的に不可能であることは確立しているが、そうした主張を掲げること自体が不当である。社員を解雇という手段で脅し、無理やり加入させるやり方に私たちは強い怒りを持つ。

東部労組は三月、ＵＩゼンセン同盟コナカユニオンあてに「暫定労働協約」についての公開質問状を発表したが、これに対してゼンセン同盟側は何の対応もせず頬被りを続けている。

いま、ゼンセン同盟コナカユニオンは多数派になっているが、東部労組コナカ支部は組織を堅持し、闘いを進めている。

◎全国一般全国協コムスン労働組合の場合

二〇〇〇年九月九日、コムスン労働組合の結成を会社に通知した。九州事業部を中心に約三〇〇名が組合に加盟した。

この時点では、ゼンセン同盟系の組合の結成はわからなかった。

しかし、後からの情報では、八月に株式会社コムスンの社長に就任した樋口公一氏（元日本介護サービス社長。のちにコムスンが買収し、樋口氏は社長に就任）が取締役会でゼンセン同盟の組合結成を提案し、いったんは拒否したという。のちに届いた資料では、二〇〇〇年七月に日本介護クラフトユニオンの呼びかけに答えて、分会に加盟とある。

同年九月一六日夜九時に東京六本木本社に樋口社長から出張中のコムスン労組岡部廉委員長（当時）が呼び出され、二人で会う。会談の席上樋口社長から「君の組合を売ってくれ」との申し出があり、断ると「明日からは戦争だ」と言われた。

九月一七日、九州事業部に正体不明の職員が多数乗り込んでくる。「ゼンセン同盟日本介護クラフトユニオン」と名乗る者もいた。

初期段階はこちらがヘゲモニーを握るが、鍵を変えられたり、増員もあり、嫌がらせの監視労働が続いた。明らかな不当労働行為事案であるのに、ゼンセンとの対立関係を形式的に装い労労対立として演出しようとする意図がうかがえた。

同時に約一万人に及ぶ全従業員にコムスンの会社封筒（返信封筒切手添付も同様）を使って、ゼンセン同盟日本介護クラフトユニオンコムスン分会への加盟を促す加入用紙が個人家庭に送付されはじめる。中には樋口社長の推薦状も同封され、今となっては笑い話だが、分会役員には、のちにすぐ会社側交渉要員となり、解体されたコムスンの専務取締役まで「出世」した入江康文氏（二〇〇八年六月現在はグッドウィルの常務取締役）も「組合員」として名を連ねていた。

ゼンセン同盟の組合加入説明会が福岡、北九州、佐賀など全国で開催されたが、九州関係はこちらの組合員を動員して粉砕した。

九月一九日になると、コムスン労働組合側の中尾光明統括事業部長（当時）に東京転勤の業務命令が出され、それを拒否すると、二三日付けで解雇処分がなされた。

二〇日には、本社収益改善チームなるものが発令され、全国の管理職が九州事業部に乗り込んできた。

二三日、会社の監視労働に抗議してコムスン労働組合は就業一時間半前の午後四時からストライキを計画し、通告書を持って会社役員が陣取る会議室に行ったところ、職員の一人が合図を契機に転び、警察に通報され、暴力事件をでっち上げられる。これを理由に岡部委員長など五人が無期限の出勤停止、組合役員全員の事情聴取がなされるが、のちに不起訴処分、取り調べで警察が組合に同情するほどであった。

結成以降、コムスン労働組合は、七度にわたって団交申し入れをしているが、団交ルールの不一致を理由に先送り、ゼンセン同盟とのみ団交をおこない、次々と成果を発表した。

ユニオンショップ協定による解雇攻撃は粉砕した。

一〇月以降には、ゼンセンの組織化は九州以外はほぼ自動的に進んだ。その組合費は、正社員上限一・五％で四〇〇〇円。コムスン単体で一万人ほどいたので、チェックオフで三〇〇〇円×一万人で、月間組合収入が三〇〇〇万円となり、「いい商売」であったといえる。

出勤停止の組合役員以外は、九州事業部の業務に不正があるとの取調べを東京に呼び出される形で行われた。これを理由に一名が解雇され、退職も続いた。

一二月再度の事業縮小などがあり、抗議行動を続けた。東京総行動などで本社へ抗議行動を行った。二〇〇一年三月には、博多駅近くのホテルに研修講師として来た折口雅博会長のタクシーを組合員が取り囲み、ギャラリー三〇〇名の見守る中、実力抗議行動を展開。暴力事件をでっち上げられるが不起訴処分で粉砕したが、この抗議行動を理由に岡部ら五名が懲戒解雇された。

地労委、裁判を係争しながら、折口自宅、役員自宅、本社、全国の事業部などで現場抗議行動を続け、二〇〇一年一一月に争議の和解合意し、コムスン労組は二〇〇三年一〇月に消滅したが、二〇〇四年四月介護労働者組合ケアリングを再結成し、介護職場の組合活動は継続している。

ゼンセンの問題点は、①会社とあらかじめ打ち合わせた第二組合結成、②大量の資金、専従を投入しての初期的な支配（コムスンの場合は五〇〇万円といわれる）、③ユニオンショップをとおした資金回収（あくまでこれが本来の目的）、④実質的な労務管理を組合がやることで組合員の不満のもみ消し、⑤介護の場合は、クラフトユニオン型で、中央交渉方式で業界への影響力を行使、⑥会社の封筒、推薦状などは当たり前、⑦ディズニーランドなどの旅行を共済のねたにして組合加入を募る、⑧裏でのコムスン労組のような戦う労働組合への「過激派」キャンペーンをおこない、「反共」イデオロギー的な組織化をおこなうことなどがあげられる。

◎札幌地域労組ノテ福祉会支部の場合

この事件のそもそもの発端は、札幌市で大規模な老人ホームを運営するノテ福祉会が、二〇〇〇年四月の介護保険開始を口実に、賞与の約五〇％削減、定昇の圧縮などを趣旨とする就業規則の不利益変更を強行したことにある。これをきっかけに、札幌地域労組のノテ福祉会支部が誕生した。

二〇〇一年九月、組合のねばり強い闘いで労働条件の不利益変更を撤回させた。しかし翌二〇〇二年二月、UIゼンセン同盟北海道支部事務所でノテ福祉会の第二組合が結成。第二組合の委員長は、ノテ福祉会の対馬徳昭理事長（株式会社ジャパンケアサービス会長）が経営する老健施設「げんきのでる里」の事務長であった。老健施設の事務長は事実上、施設の労務管理のトップである。これまで団交の向こう側にいた施設のトップを委員長に据えたのだ。

この第二組合結成のタイミングは、非正規雇用労働者が雇用誓約を更新されるか否か不安になっている時期であり、量販店や介護サービス大手で働くパートや契約社員を数多く組織化するUIゼンセン同盟は、契約更新時期にある有期雇用労働者が、いかに弱い立場にあるかを誰よりもよく理解していた。そういう労働者の弱みに付け込み、経営側は常務理事の施設長を筆頭に各施設の幹部らが総出で「オルグ」を開始、契約職員や新採用らを含む職員を事務長室に一人づつ呼び出した。殆どの職員は第二組合へ強制的に加入させられていった。

それらのノテ福祉会の行為に対して、札幌地域労組は不当労働行為の救済申し立てを行い、二〇〇三年八月、北海道地方労働委員会はノテ福祉会の不当労働行為で「使用者がゼンセン同盟オール・ノテ・ユニオンの組織拡大を支援したことは不当労働行為である」と救済命令を出した。つまりゼンセン同盟は使用者の不当労働行為に支えられてノテ福祉会における組織拡大を行ったということを労働委員会が正式に認定したのである。

具体的には、ノテ福祉会の管理職らがその地位を利用してゼンセン第二組合へのオルグ活動を行ったことを不当労働行為であると認定し、さらにはUIゼンセン同盟の指導の下で活動する第二組合が、札幌地域労組を弱体化するための謀議を使用者側と行った事実、その際の秘密文書の存在をも認定したのである。

すなわちUIゼンセン同盟の組織化は、使用者の札幌地域労組をつぶすという不当労働行為に便乗して行われたという重大な事実を地労委は認定したのである。日本最大労組による白昼堂々の不当労働行為の片棒担ぎと言うほかない。

そしてゼンセン同盟は中労委の再審査において、使用者側の立場で陳述書を提出し、不当労働行為企業を擁護した。しかし中労委は使用者の申し立てを退け、命令は確定した。

◎労働組合とは何か

ゼンセン同盟は他労組に対する組織介入を正当化する論理を、自分たちの「自由で民主的な労働組合」でない労働組合やユニオンがいくら組織化をしても、それは組織労働者の拡大ではない、また労使の持続的な発展を続けることはできないし、労使がお互いの存在を認め合うことにならない、したがって、それができるゼンセン同盟が第二組合作りや組織介入してもよいのだ、というところに置いているように見られる（「U

Iゼンセン新聞」二〇〇八年二月一五日号橋本副書記長）。

唯我独尊も極まれりの感が強いが、同時にそこまで断定しないことには彼ら自身の行動を合理化できないのかと思うと、哀れでもあり可哀想にもなる。

札幌地域労組の鈴木一書記長はUIゼンセン同盟との関わりについて次のような総括的意見を述べ、私たちもまったく同意するものなので、ご紹介しておきたい（鈴木一「こんな〈組織拡大〉でいいのか」月刊『ひろばユニオン』二〇〇三年一二月号）。

「私が言いたいのは、たとえその組合がどのような系統の組合（全労連や全労協）であろうと、少なくとも労働者が自主的に立ち上がり、不当な経営者と闘っているときに、経営者の〈労組を潰したい〉という意志に乗ずるような第二組合結成は絶対にやってはならないということです。このような組織化手法は、誠実に組合運動をしている人々を敵に売り渡す卑劣な行為であり、まさに火事場泥棒的な犯罪行為というべきです。

組織拡大と組織率の向上は、連合労働運動の使命を決するものであると思います。全組織が全力をつくすべきときです。しかし、何のための組織化なのか、労働者のための組織化であり、自分の組織のための組織化ではないはずです。使命感と最低限のルールは守るべきです」

（付記）コムスン部分の記述についてはコムスン労働組合結成当時の岡部委員長、ノテ福祉会部分の記述については札幌地域労組鈴木書記長それぞれの文書から引用または参考にさせていただきました。しかし文責

は筆者にあります。

石川源嗣（いしかわ・げんじ）

一九四二年生まれ。全国一般労働組合全国協議会東京東部労働組合副執行委員長、ＮＰＯ労働相談センター理事長。著書に『ひとのために生きよう！　団結への道――労働相談と組合づくりマニュアル』（同時代社）がある。

３　「名ばかり労組」にならないために（寄稿）

五十嵐仁（法政大学大原社会問題研究所所長）

聞き手：同時代社編集部

◎もっと「怒ってくれ」

労働組合の看板を掲げているにもかかわらず、労働組合としての役割を十分に果たしていない労働組合が「名ばかり労組」です。今の労働組合が、多かれ少なかれ、そうなってしまっているのではないか。そういう問題意識は、じつは当の労働組合自身もうすうす感じているところじゃないか、と私は思っています。『週刊金曜日』の二〇〇八年一月一一日号に、連合の高木剛会長と全労連の坂内三夫議長のインタビュー記事が出ています。そして、次の号（一月一八日号）には、このインタビュー記事に対する私のコメントも出ています。ぜひ、この両方をご覧になっていただきたいと思うのですが、そこで連合の高木会長は、労働組合の現状について「市民の人たちから怒ってくれと言われている」と言っているんですね。組合にリーダーシップをとってほしいという期待に応えないと、労働組合はダメだと思う、こう高木さんは言っているんです。組合の指導者は、現状が「おかしい」と思う感度を研ぎ澄ましておかないといけない、とも。

組合リーダーたちが、経営者に対してあまりにも物分りが良すぎるようになってしまった。怒りを忘れてしまったんじゃないか。働く人たちの状況が良ければ怒る必要もないけど、これほど貧困や格差が広がり、大きな問題になっている状況のもとでは、そうはいかない。だから、周りの人たちから「怒ってくれ」と注文が出るような状況になっているというんです。

「名ばかり労組」ができる三つの背景

どうして、そうなっちゃったのか。三つほどの背景というか原因があります。

一つは労働組合の組織のあり方で、既存の組合の多くが企業別労働組合であるということです。労働組合が企業や事業所をベースにして組織されている。企業ごとですから、組合の関心がどうしてもその企業内部の問題に集中しやすくなる。やがて、企業の事情や状況をある程度斟酌《しんしゃく》して行動するようになる。企業の論理に取り込まれやすくなるような組織形態をとっているということです。

二つめには、こういうなかで、労働組合と使用者側が協調した行動をとるようになっていくということです。一般的には、「労」と「使」が別々に存在して独自の立場を取りながらも協調できる問題については協調する、ということはありうると思います。しかし、いつも協調できるわけがない。

というよりも、「労」と「使」は本来、利害関係が異なっているはずです。ゼロ・サムの関係にある。だから、協調できる場合はもちろんあるけれど、基本的には利害関係が対立しています。それにもかかわらず、長いあいだ労使が相談しあいながら仲良くやっていくなかで、だんだんと「労使協調」から「労使癒着」「労使一体化」という形になっていく。ここに問題があるわけです。

三つめはですね、とくに連合などの労働組合が組織されている場所や階層という問題があります。その多くが民間の大企業で、しかも正社員から成っている。つまり、働く人たちのなかでは比較的労働条件や賃金の良い人たちなんです。そういう人たちを多く組織している労働組合が怒らないというのは、ある意味では当然かもしれない。それなりに満足しちゃっているわけだから。

こういうところでは賃金が右肩上がりでしたから、バブルの時期には、もう賃金はいい、あとはゆとりだ、労働時間の短縮だ、などという議論も強まりました。もっとも、その後は右肩上がりではなくなり、労働時間短縮も進まず、いまだに過労死の問題やメンタルヘルス不全などが起きているわけですけど。

基本的に、そういう相対的に恵まれた人たちが労働組合に組織され、他方で、賃金や労働条件のことで本当に困っている人、運動しなければならない人たちは労働組合に組織されず、闘うための手段を持たない、ということになっているわけですね。こうしてある種のパラドクス（逆説）が生まれた。

労働組合が組織され、その組合が戦後の運動を通じて賃金を引き上げ、労働条件を改善してきた。そのおかげで民間の大企業ではそれなりの労働条件が保障されるようになった。これは戦後の労働運動の成果でもあるわけですけれど、そのことが労働組合の原点である「怒り」を忘れさせるという結果をもたらしたんじゃないか。これが一般的な状況です。

ですから、「名ばかり労組」の問題は、戦後の労働運動がこのような条件と経緯をたどるなかで、本来の労働組合の使命である組合員の賃金を引き上げて労働条件を向上させるために連帯し団結して運動するという役割を果たさなくなった、そのように変質してきたということ、その結果生まれたということでしょう。

◎企業側がつくる「第二組合」

労働組合がこのような形で変質していくうえで、「第二組合」がもっていた意味と役割には極めて大きなものがありました。というのは、元からあった労働組合が変質するということもありましたが、多くはそうではありません。戦闘的な第一組合に対抗する形で第二組合が誕生し、それが大きくなってヘゲモニーが交代するという形で、労働組合のあり方が変わっていったからです。

戦闘的な労働組合の力を弱めるために会社側が第二組合をつくり、これにテコ入れして組合員の団結を破壊し、穏健な労働組合を育成しようとしました。六〇年代後半以降、総評、同盟、中立労連、新産別という四つのナショナルセンターが並立しましたが、特に、総評対同盟の間で、このような対抗関係が生じました。歴史的には、六〇年安保と三井三池闘争で労働側がかなり大きな痛手を被って以降、主要な民間労働組合をめぐってこういう動きが進んでいきます。

同盟が結成されたのは一九六四年です。これを前後して、総評系の第一組合から同盟系の第二組合が分かれていった。インフォーマル組織と言われた労働組合内部の秘密組織による分裂工作の結果です。そして、その第二組合が次第に力を伸ばしていきます。その背景には、戦闘的な総評系組合よりも比較的労使協調的な傾向の強い同盟系の組合を大きくしようということで、いわば、労使関係において企業側の意向を通りやすくするために、企業側が第二組合を育成したということがありました。

民間労働組合の組織人員で、総評系よりも同盟系のほうが多くなるという勢力の逆転が生まれたのは一九六七年のことです。この傾向はその後も続きます。こうして、先ほど言ったような労使協調から労使癒着、さらには労使一体化の傾向が強まっていくわけです。

「労働組合」とはいえない組合——カンパニー・ユニオン（会社組合）

たとえば、松下電器では労組委員長が会社の役員になったり社長になったりしています。今は組合の委員長でも、将来は社長になる。それが慣例となっているわけです。民間大企業では、労組の役員出身者が企業の幹部になっているケースがざらにあります。つまり、企業の役職のキャリア・パスのなかに、労働組合の役職経験が組み込まれているというわけです。

こうなると、労働組合が労務管理の補助的機関のような形になってしまいます。だから、組合がかつての労組役員の先輩である経営者や使用者に対して物を言いにくくなる。組合員の要求を代弁するというよりも、経営者や使用者の意を体する形で組合員の要求を押さえつけるという、そういう全く逆の機能を果たすようになってしまう。こうして、労働組合が変質してしまうわけです。

このように変質した労働組合を、欧米では「カンパニー・ユニオン」と言います。いわば「会社組合」です。これはもう、労働組合とはいえません。労働組合にとっては企業、経営から自立するということが決定的に重要なポイントですから。企業から自立して自主的な立場で従業員、組合員のために経営側に要求を出していくという、それができなければもう労働組合とはいえません。そういう労働組合とはいえないような労働組合が、「名ばかり労組」ということになるわけです。

したがって、「名ばかり労組」にならないためには、組合が企業の論理にしばられないようにしなければなりません。組織のあり方として、できるだけ企業から自立することが必要です。

◎労働組合員という自覚——入りたい人が入る組合を

ところが、企業別組合にとってはこれが大変にむずかしい。企業を基盤にした労働組合ですから、ブルーカラー（工員）もホワイトカラー（職員）も一つの労働組合に入っている。これを「工職混合組合」と言います。ここでは企業一家的な意識が強まって、なかなか企業から自立し企業の論理と離れたところで活動するというのが難しい。

しかも、労組が会社とユニオン・ショップを結んでいます。会社に入ったら組合に一括加入するという仕組みです。逆に言うと、組合員でなくなったらその会社はクビになるわけです。こういう協定を結んでいるわけです。ということは、あまり組合員としての自覚がなくとも、組合に入ってしまう場合があるということになります。

よく、労働組合員の「組合離れ」なんていうことが問題になります。これはユニオン・ショップ協定を結んでいるところからくる問題です。本来、労働組合に入るということはその人の自主的な選択ですから、組合員が組合を離れるということは組合を辞めるということを意味するはずです。ところが、組合を辞めたら会社をクビになっちゃうから辞められない。

こうして組合に入っているけれども、労働組合員としての活動をしない。労働組合員としての自覚が非常に弱い組合員が生まれるということになります。組合員の組合離れは日本の労働組合に特徴的な問題だと言って良いでしょう。労働者が労働組合に入らない、入りたがらないという問題とはべつの深刻な問題です。

外国では、基本的にこのような問題はありません。組合に入りたい人だけが入っているからです。たとえば、フランスは一〇パーセント未満の組織率ですけれども、この人たちは皆、日本の戦闘的な組合の活動家のような人たちばかりです。労働協約の適用率が九〇パーセントを超えるように、組織率は低いけれども非常に強い社会的影響力を持っています。

最近は、日本でも組合に入りたい人が入る個人加盟のユニオンが注目されています。企業の論理にしばられない運動の展開や非正規労働者の組織化という点でも、ユニオンは大きな役割を果たしています。以前から、地域を基盤にしたローカル・ユニオンなどが活動していました。最近では、青年ユニオンや派遣ユニオンが活躍しています。

本来、労働組合は企業別ではなく産業別の横断的な組織でなければならないと思います。もちろん、入りたい人が入るというのが基本です。ユニオンの力によって企業の外に大きな運動の波を作り出すことができれば、「名ばかり労組」に反省を迫ることもできるのではないでしょうか。

〈すかいらーく〉労働組合とUIゼンセン同盟

さて、この本でも問題になっている〈すかいらーく〉労働組合のことを考えたいと思います。まず、〈すかいらーく〉労働組合の上部団体であるＵＩゼンセン同盟について見てみましょう。

ＵＩゼンセン同盟は、じつは大変ユニークな組合なんです。どちらかというと、この組合は組織運営上、企業と癒着しないような工夫をしています。昔からの労働組合的な伝統を強く残している労働組合らしい労働組合だと言っても良いでしょう。

たとえば、中央執行委員会の中でも、企業出身でない役員の比率を高めていますし、個別の企業労組に対する単産としての指導力が非常に強い。言うことを聞かない鐘紡労組との交流を断絶したこともありました。これは日本では珍しい出来事です。

春闘でも、それぞれの単位組合に妥結の権限がない。単産から役員が出かけていってOKを出さないと妥結できない。争議なんかもそうなっています。つまり、企業別の組合が企業の論理に絡め取られないような組織運営上の工夫をしているわけです。

同時に、総同盟という右派系の労働組合だったという伝統もあります。ここから、左派系労組に対する対抗意識が非常に強いという特徴が生まれます。「左派」に対する競争心のようなもの、「負けるもんか！」っていう気分があるんでしょうね。左派に対する防波堤としての組織拡大ということを売り込むわけです。

それで、よく言われるのは、ＵＩゼンセン同盟のオルグは労働者ではなく経営者をオルグする、ということです。どういうことかというと、「左」の方から変な組合が来たら大変だ、だからおたくの従業員を全部ウチの組合に入れなさい、と。

現在もそういうことを言ってるかどうかわかりませんけど。たとえばイオンだとかイトーヨーカドーなんかで非正規労働者を組織化しました。この場合でも、経営者と話をしてユニオン・ショップ協定を結んで、まとめてどっと組合に入れるというやり方を取っています。

また、労働者派遣法改正の議論のなかで「雇用契約二カ月以下の登録型派遣の禁止」「日雇い派遣の禁止」という問題が出ていますが、これにＵＩゼンセン同盟は反対しました。なぜかというと、ＵＩゼンセン同盟には派遣社員専門のユニオンである人材サービスゼネラルユニオン（ＪＳＧＵ）も入っているからです。だから、派遣という形態で働くことを望んでいる人たちもいる。そういう人たちの要求も守らなければならないということで、必ずしも一律に規制するべきではないと言っています。

しかし、これは傘下の労働組合の中のかなり特殊な意見というか、要求ですよね。たとえそうであったとしても、不安定で劣悪な雇用を残すことが、本当に組合員の利益になるのかどうか、これらの組合には真剣に考えてもらいたいと思います。企業の利益を労働組合が代弁するような形になっていないかということです。この点をきちんと自己点検してもらいたいものです。

このＵＩゼンセン同盟の傘下には、〈すかいらーく〉の労働組合も加わっています。この労組委員長の発言が紹介されていますが、「店長はもっとがんばるべきだった」というようなことを言っています。これは労働組合の委員長としては許されない発言であり、労働組合としては自己否定になるような発言だと言うべきでしょう。

つまり、労働者は一人ひとりでは弱く、労使対等ではないわけです。だからこそ、連帯し団結することが必要なのです。集団の力を背景とすることによって、はじめて労使対等になることができ、交渉して協約を結ぶことができるようになります。労働力＝働く力というのは個人に宿っているわけであって、これは生きている人間そのものですから、保存が効きません。また、圧倒的に多くの人たちが働いていますから、競争が激しい。

したがって、競争を抑制して労働力商品としての価値を正しく評価し販売するためには、組織化された集団の力で交渉する必要があるということなんです。そういう使命をもった労働組合の委員長が、「個人でがんばれ」と言うのはとんでもありません。個々人が一人では頑張りきれないから組合に組織されているという、労働組合の基本的なあり方を全く理解していない発言です。

●なくならない過労死問題

新自由主義的な労働の規制緩和が進み、成果・業績主義が広がるなかで、労働者がバラバラに分断され、無慈悲な競争が強まっているのが現状です。ワーキングプアなどの貧困化や格差の拡大、メンタルヘルス不全なども大きな問題になっています。競争相手ばかりで、話し合える友だちがいない、仲間もいないという状況の下で、成果・業績主義によって精神的におかしくなってしまう。こんなに悲しいことはないです。今ほど仲間がいて共に支えあい助けあうということが大きな意味もっている時代はないと思います。

極端にいえば、労働組合が存在しているだけでも、最低限の意味はあるんじゃないでしょうか。仲間がいて、話し合って、悩みを言い合える、そんな関係があれば、それだけでも意味がある。たとえ、大した活動をやっていなくても仲間がいる。そこでいろいろな問題を相談しあうことによって精神の安定を取り戻すことができる。それだけでも、労働組合の存在価値はあるんじゃないでしょうか。そういう仲間の環境があれば、精神的に追いつめられてメンタルヘルス問題を抱え込んだり自殺したりするようなことも、ずいぶん防げるような気がします。過労死や過労自殺の予防にもなるでしょう。

振り返ってみれば、過労死が大きな社会問題になったのは二〇年も昔のことでした。「過労死一一〇番全国ネット」が第一回一斉相談を行ったのが一九八八年六月のことです。その年の一〇月に過労死弁護団連絡会議が結成されました。二〇年前、過労死が社会問題になり始めた頃と、ほとんど同じことがいまだに問題にされている。いったい、私たちは何をやってきたんだということになるでしょう。

もちろん、これは主として、過労死に結びつくような働き方をさせている経営者の側の問題ですが、それを防ぐために、そのような働き方を変えるために、労働組合や労働運動がどう取り組んできたのかということでもあります。死ぬまで働かされる日本人の働き方を変えられなかった責任も問われているのではないでしょうか。深く反省を迫られるような問題だと思います。過労死弁護団などはよくやってきたと思いますけど、しかし二〇年経っても、まだ問題は解決していません。

『労働経済白書』にみる政財界の変化

このような日本人の働き方に対する反省という点では、最近、注目すべき文書を眼にしました。それは、今年の『労働経済白書』です。ここでは、今の職場のあり方に対して鋭い問題提起、率直な反省が述べられていて驚きました。

たとえば、「正規の職員として就職したかったと思っている不本意な就業者が増加しているが、こうした傾向は、産業活動や企業活動の健全な発展という観点からも注意が必要である。コスト抑制に傾きすぎた企業経営は、長期的な視点に立った人材育成を疎かにし、外部に人材を求める傾向を押し進める。しかし、産業、企業活動に不可欠な人材は、職務経験を含めた長期の人材養成の取組があって、はじめて満足いく形で育てられるものであり、中途採用や正規の職員以外の就業形態による、人材の外部調達に傾きすぎれば、いつかは、地道に育てられた人材資源は枯渇することとなる。そして、人材面での隘路は、その産業分野や企業の成長にとって、大きな障害となることは間違いない」（一八八頁）と書いています。

また、賃金が減り家計が貧しくなって、日本の内需、国内市場も非常に弱体化している、この間の日本の雇用政策や労務管理が大きな問題を生んでいるのではないか、何とかここで踏み止まって解決しなければ大変なことになるのではないか、そういう危機感に満ちあふれているように見えました。経営者の側も行政の側も、一部ではそういう意識をもつようになってきている。いわば「総資本」としての危機意識の表明です。

こうした意識を社会的な世論とし、あるいは大きな力として働く職場を変えていくことが重要な課題になっていると思います。労働政策を転換させ、再規制を求めていく、そういうことが必要になってきている。それさえもできないということであれば、本当に労働組合なんてもういらないよということになりかねません。

ここで労働組合が、踏ん張らなければならない。がんばらなければダメですよ。最賃を引き上げろというのは、政府の審議会が言っている。「成長力底上げ戦略推進円卓会議」が「上げろ」「上げろ」って言ってるわけです。日本経団連の御手洗会長も、あまり大きな声じゃないけれども、家計も重要だって言っています。二階俊博経済産業相（当時）までが、日本経団連に対して冬のボーナスや来年の春闘での賃上げを要請しました。

◎労働再規制へ――労働組合の正念場

労働者派遣の問題でも、何らかの形で再規制しなきゃいけないということを厚労相が表明しています。労働再規制の動きが出てきているわけです。タクシーの規制緩和でも、再規制の動きが出てきています。

成果・業績主義についても、それを望んでいない人たちのところではかえって働く意欲を低下させて労働生産性を低めるんだと、そう『労働経済白書』は書いています。前に紹介したように、非正規化がこのまま進めば、技能や技術の継承とか人材育成の面で大きな問題が生ずるということも書いています。労働時間についても減らさなければならない、今のままでは家庭生活が破壊される。労働と生活のバランスを取ること、つまり「ワーク・ライフ・バランス」が重要なんだと、政府が言い始めている。

これを私は、労働をめぐる「風向き」の変化だと捉えたいですね。そして、この変化を労働運動に有効に活かしていかなければなりません。そういう状況の変化、それよって生まれている有利な条件、それをすかさず捉えて運動に活かす機敏な感覚といいますか、反応が求められているんじゃないかと思います。

最初にも言ったように、連合の高木さんは組合指導者に対して「おかしいと思える感度を研ぎ澄ませておかないといけない」と言っています。苦しんでいる人たちと一緒に闘うということでしょう。「不条理とは闘う」とはっきりと言っている。

当時全労連の議長だった坂内さんも、「運動の共同は大いに進めていかなければならない」と言っている。全労連と連合の共闘の姿勢をはっきりと打ち出しています。全労協とも共同行動を取り始めていますから、そういう形で、今までにないような運動に取り組んでもらいたいものです。それぞれの労働組合がナショナルセンターの壁を越えて共同の課題に取り組めば、さらに運動は発展するでしょう。

今こそ、労働組合の真価が問われているわけです。労働組合があって良かったという実感を、組合員に持ってもらえるかどうか。これは本当の労働組合なんだよ、「名ばかり」なんて言わせないよ、そういう姿を見せてほしいですね。

◎経営者は労働者の健康を第一に

過労死するような方は多くの場合、すさまじい長時間労働です。責任感が強くて、真面目でコツコツ一生懸命やる人が、辛くても苦しくても長時間働くんです。死ぬほどがんばる真面目さがある。こういう人は、本来は企業にとっても非常に有益で大切な人材なんです。そういう人たちが過労で亡くなっていくというのは、企業にとっても大きな損失でしょう。そういうことを、経営者はもっと深刻に考えてもらわなければいけません。

とくに、店長をやっている人などは職場の中堅です。いくつかのエリアを担当してヘルプのために回るという、そういう人は大変有能な中堅社員じゃありませんか。会社の〝宝〟です。そういう人たちの健康を、もっと会社がきちんと考えなきゃいけません。〝宝〟は大切にすべきです。

〇六年に労働安全衛生法が改正・施行され、過労死・過労自殺の未然防止、早期発見・早期治療を目的に、産業医等による面接指導が義務づけられました。事業主は産業医を配置し、そのための費用を負担しなければなりません。また、〇八年四月からは、メタボリックシンドロームについての測定が義務づけられました。事業主の責任はますます重くなっています。組合に言われるまでもなく、経営者が率先して、従業員の健康問題の解決のために努力するべきでしょう。

◎チェック機能としての労働組合

そういう点でも、日本の経営者の経営能力というか、資質がどんどん低下しているのは残念です。これは深刻な問題です。産地や賞味期限を偽装して偽物を売り、ばれても嘘をついて切り抜けようとするとか、当局の監視や法の網の目をくぐり抜けて少しでも儲ければいいというような風潮がものすごく強まっています。経営者のモラルや倫理観がすさまじく低下し、企業犯罪が後を絶ちません。

そういう点から考えれば、ちゃんとモノを言う労働組合は、経営者にとってもありがたい存在なんです。会社が変なことや悪いことをやっても、チェックもしない、文句も言わないという、そういう労働組合は経営者にとっても困るんです。「名ばかり労組」は、経営者にとっても役に立ちません。

逆に言えば、経営のあり方について、従業員がどういう問題意識を持っているのか、どういう要求を持っているのかということをきちんと代弁する労働組合は、経営者にとっても大変ありがたい存在なんです。経営の問題点を明らかにし、過ちや失敗を未然に防いでくれるわけですから。

そういう経営に対するチェック機能を労働組合が働かせず、企業利益と一体化して自分の出世を考えたり、物を言わなくなっちゃったりしたら、企業経営のお目付役として役に立ちません。そんな「名ばかり労組」は経営者にとっても「無用の長物」だということです。過去に問題を起こした企業、たとえば牛肉産地の偽装事件で会社の信用を失って経営破綻した雪印食品がそうでした。結局は、労使一体となって会社を潰してしまったわけです。「名ばかり労組」の哀れな末路だったと言わざるを得ません。

五十嵐仁（いがらし・じん）

一九五一年、新潟県生まれ。法政大学教授、大原社会問題研究所所長。著書に『活憲』（山吹書店）、『労働政策』（日本経済評論社）、『労働再規制』（ちくま新書）など多数。

第四章

過労死ノー！　生きさせろ

対談◆――◆雨宮処凛　×　佐高信

〈於　二〇〇八年八月二日「中島富雄賞授与式」〉

「自己責任」という言葉（佐高）

佐高　まず、過労死・労災の実態の話を聞きまして――立ち直るまで時間がかかりましたけれど――一番なくさなきゃならない言葉っていうのは「自己責任」。

雨宮　そうですね。

佐高　自己責任を感じてほしい奴が感じなくて、感じなくてもいい私たちがそれを押し付けられている。そういうことですね。

フロア長になった弟は（雨宮）

雨宮　私自身も、自分の弟のことが思い出されました。

私は今三三歳で、過労死された前沢隆之さんと多分、学年は同じだったと思います。私の弟は今三一歳なんですけれども、その世代って就職氷河期なんですよね。弟が大学を卒業したのは九〇年代後半だった。けっこういい大学だったんですけど全く就職がなかったので、そのままマクドナルドで三年間フリーターをしていました。そのうちに二〇代半ばになってしまって。私は北海道出身なんですが――札幌にヤマダ電機が進出してくるという。会社は契約社員を新しく募集するということで、弟はそこに応募して契約社員になりました。

契約社員になって一年後に正社員になりました。フロア長という管理職になったんです。弟はたいへん喜んでいたんですけど、フロア長になるときに「誓約書」を書かされたわけです。その誓約書には、「労働組合には入れない」「ボーナスは出ない」「残業代は出ない」って、そんなことが書いてあったんですね。だからほんとに名ばかり管理職のまさに典型だった。

正社員になったその日から一日一七時間労働が始まった。朝七時ぐらいに出社して、夜中はもう一時、二時まで働いてというのが、ほんとに毎日続いたんです。休みは月に何度かはあったんですけど、休んでいても本当の休みにはならない。弟は私が実家に帰って来るときとかに休みを合わせてくれるんですけども、そんなとき、営業中のヤマダ電機の店から電話がかかりまくってきて、まったく全然休めない状態なんです。お正月の休みでもそうだった。

従兄弟が危篤で亡くなるっていうときもそうだった。仕事が終わらないと帰してくれないんです。そんなことで、私の弟だけが従兄弟の死に目に会えなかった。そういうことが続いて、これはおかしいと思いました。そうしているうちにも、弟はものすごいガリガリに痩せていった。これはほんとに死んでしまうと思って、家族が労基署に相談に行ったりとか、あと、弁護士さんに相談に行ったりとかしたんですけれども、なかなか解決が……。労基署の方は、そういう大きな企業は事前に調査が入っても隠しているからあんまり出てこないんじゃないかと。ほんとにその通りで、当時ヤマダ電機では——今はどうかわからないですけど——、朝四時まで働くこともあって、だけど、データ上、全従業員が夜一〇時半には帰っていることになっている。それはなぜかというと夜一〇時半までに帰りますって言ってタイムカードを押さないと、そのデータが本部に吸い上げられなくて、出勤しなかったことになってしまうので、夜一〇時半に帰りましたというタイムカードをいったん押してしまう。そうして、一円も残業代の出ない残業が続く状態。もう家族の者がほんとに振り回されている状態だった。そのときのことをすごく思い出しました。

我々の世代の罪（佐高）

佐高　前沢さんとか雨宮さんの年代と私の年代は断絶していますよね。だからこそ、雨宮さんと私は『貧困と愛国』（毎日新聞社）という本を出したんです。

それで正直に告白すると、やっぱり派遣の問題だとか、いろいろな社会の問題を注目してきたつもりであったけれど、具体的な実態についてはあまり知らなかったんだということを思い知らされました。それは我々の世代の罪っていうのはありますね。そこまで若い人が酷いことになっているとは思わなかった。

雨宮　そうですね……。

佐高　雨宮さんのお父さんと私は一緒ぐらいの世代でしょ？

組合に行くっていう発想を潰されているんです（雨宮）

雨宮　父も全く知らなかったと思います。だから弟がそういうふうにどんどん弱っていって、ほんとに死んでしまうんじゃないかという状況になったときにはすごくびっくりしたみたいです。

今の二〇代とか三〇代の人の働き方というのはそれほど「過酷である」ということと、もう一つは、どんなに苦しい職場でもフリーターがやっと正社員になったということで、今、この正社員の座を離してしまったらまたフリーターに戻ってしまうという強迫観念があります。

私の弟の場合もそうですが、当時まだ不況と言われていましたので、二〇代後半とか三〇代になって再就職というのも難しい状況です。そういう中で、この職場にしがみ続けないといけないと思いこんでしまう。辞めるのも地獄だけど続けるのも地獄というような、ほんとに八方塞がりな状態で、その会社の労働条件を何とかしてもらおうと思っても、一人の努力ではなかなか変えられない。そのときに労働組合ということも思ったんですけれども、最初の時点で労働組合には入れないと「誓約書」にサインしてしまっている。もちろんこんなものには何の効力もないと、今になってはわかるんですけれども、当時は本人がサインをしてしまっていることですごく効力があることなんじゃないかと錯覚してしまうんですね。最初から組合に行くっていう発想を潰されているんです。

二〇〇一年の話ですが、私自身、本当に驚いて、周りの二〇代、三〇代の人に――私は当時、フリーターから物書きになっていたんですけれども――自分の弟がこんな滅茶苦茶な職場で働いていると、こんな状態だよっていうふうに話をすると、誰も驚かなくて、みんな自分もそうだっていうふうに言ったというのが一番のショックでしたね。

ジャングルの自由に戻すこと（佐高）

佐高　〈すかいらーく〉の場合でもマクドナルドの場合でも、やっぱりそういういわゆる名のしれた企業がとんでもないことをやるはずがないという、この認識からまず変えないとダメなんですね。で、いい学校からいい会社へという神話が浸透しているから、そうすると、いい会社に過労死があるんだというふうにはなかなかならない。発想がね。

もう一つはですね、働かせる自由だけが肥大していた。その派遣の問題にしても。そういう中で、雨宮さんからこれから話を聞いていきますけれども、ものすごい滑稽なのは、竹中平蔵とか小泉純一郎

――特に竹中平蔵ですね、あいつがほんとに悪い奴なわけだけれども――が進めた新自由主義の流れの中で、子どもが増える社会状況ではないのに、少子化対策とかわけわからないことが言われているでしょう。

新自由主義っていうのは、全然「新」じゃないんですね。私は「旧」自由主義だと呼んでいますけど、つまり、ジャングルの自由に戻すっていうこと。

この括弧つきの「新自由主義」の一番の欠陥というのは、こういうふうに働かせる自由だけが肥大していき、しかしその裏では、個人個人が物を買う力というのはどんどん小さくなっていくわけですね。物を買う力、つまり購買力が小ちゃくなった場合には、物を買わないから、会社の方にもはね返ってくるわけでしょう。ところが竹中とかが考えているのは、会社を何とかすれば何とかなるっていう考え方です。しかし、みんなそれぞれの、一人ひとりの購買力を増やさなければ社会はいい方向にはいかないわけですね。そこを、経営者にとっての自由だけを大きくしていった。そういう中で、それに不満を持つ人に対しては、お前が悪いんだという自己責任論ね。

雨宮　新自由主義的な考え方の中では、こういう過酷な状況から脱退する人、市場競争に反する人の存在というのを見込んでいるようにみえますよね。ある程度の犠牲者が出るだろうということもわかった上でそれが維持されているというふうに。すごくそれは恐ろしいことだと思いますね。

佐高　つまり、それは竹中平蔵もはっきり言っているわけです。ある種規制とか何とか進めると、大きい会社はどんどん大きくなって、金持ちはどんどん金持ちになったりすることができないと、すると、大きい会社や金持ちになった人は下を引っ張りあげていくことができない、なんてことを言う。そんなことはありえないんですよ。金持ちになるすさまじく儲けた人間がそれを下の方に分配するってことはありえない。そういうふうに、下を引っ張りあげるんだというありもしない幻想。だから上を規制しちゃいかんのだというバカなことを言うわけですね。そうじゃなくて、やっぱり競争は仕方がないとしても、競争のための前提とかルールがある。そういうものを全部竹中はじめ、多くの学者が、規制緩和を志向して、撤廃する。規制緩和というのは安全緩和であり生活破壊なんですよね。ところで、雨宮さんなんかでも、自己責任とか思ったわけでしょ。

雨宮　労働／生存運動に出会うまでは思っていました。ものを書くっていう自分の仕事自体がすごい自己責任的なところが強いので。しかも編集者とか売れるのが自己責任とかその手のことをたまに言われたりしたので。だから少しはその自己責任でつまずいたところもありましたね。それはほんとに自己責任という言葉がいかに利用されてきたかということなのですが。それに気付いたのがほんの二年ぐらい前です。

日本企業は「修」身雇用（佐高）

佐高　私は日本の場合には終身雇用っていうけど、あの終身雇用は「終」の字が違っている。道徳の修身、修身雇用。つまり会社のいうことを聞く人間は最後まで雇ってやるというそういう修身雇用なんだ。だっておかしいわけでしょ。終身雇用がダメになったから違う方向でいくんだってさ、途中で止めるのは最初から終身雇用じゃないわけですよ。会社がおかしくなった場合でも最後まで雇うんだというのがほんとの終身雇用でしょう。会社の景気が悪くなったからそれをやめるんだっていったら最初から終身雇用じゃないわけです。

そういう話もありますけれども、何かやっぱり、真面目っていうのかね、日本人というのは。私が一番嫌いなのは相田みつをという奴でね。あれにみんな引っ掛かるわけですよ。便所の神様って言われている。なぜ便所の神様っていうかと聞くと、トイレにあれよくあるでしょ。トイレにこう……。私が言ったんじゃないですよ。私はもっと上品なことを言う。誰かが便所の神様だと、ぴったしだよね。あれはね、見事に自己責任。つまり社会へ問いかけるというものがない。社会の責任だと言わせないようにしていくわけですね。

雨宮さん、相田みつを、嫌いでしょ?

雨宮 あまり知らないです。よくわからないです。

佐高 何か、我慢をするんだよ、とか、じっと我慢をするんだよとかって。で、あとは良くなる、良くなるわけないじゃないか、我慢していて（笑）。

上司から顔を踏まれて（雨宮）

雨宮　確かに、そういうのには引っ掛かりがちですよね。普通に生きている人は。あまり社会の問題として考えない。しかし〈すかいらーく〉とかマクドナルドとか、ヤマダ電機もやっていることは酷いです。

たとえば、今、家電量販店では、ものすごい激安競争をしていますよね。私が労働問題について書いた一冊目の本で『生きさせろ！――難民化する若者たち』（太田出版）という本があるんですけど、ここでヤマダ電機の実名を出していろいろ書いていると、ヤマダ電機で働いている人から、今の実情はほんとにもっとひどくなっている、みたいなそういう話を聞く機会が多々あります。ある女性の話なんですが、会社に入る入社前の研修期間三カ月ぐらいで、体重が三九キロか三八キロか、すごくガリガリに痩せてしまった。その人の職場は、とにかくノルマがすごいんですね。とにかく前年の売り上げを超えなくちゃいけないというのがプレッシャーになっていて、それに対して、ノルマを達成できないと、上司から顔を踏まれるということがほんとに日常にあると聞いて。そんなこととんでもない、大問題じゃないですか。仕事で顔を踏まれるなんて。でもそういうことがあるとその女性は言いましたね。

佐高　女性の顔を？

雨宮　女性です、はい。一方で、その上司もものすごく追いつめられているんですね。一つのノルマを達成しないと今度はその人が同じような目に遭うわけですから。
　ほんとに競争によって、無茶苦茶なことが起こっている。ありえないぐらい無茶苦茶なことが起こっています。私の弟の話を聞いてみると、みんなほんとにギリギリで働いているので、ものすごい睡眠不足なのです。だから通勤途中、居眠り運転をして亡くなってしまう人がいると。でも、それはただの交通事故として処理されてしまっているんですね。死んでしまっても、ただの事故死として受理されて、もちろん会社の責任は問われない。交通事故死の問題なんかをちょっと深く見ていくとじつはすごく色々な問題が、隠れた過労死というのがたくさんあるのではないか、そう思います。その辺はまだ、掘り起こされていない気もしますが。

トヨタという名前はメディアに出ない（佐高）

佐高　こないだの、例の秋葉原の事件ね。日研総業、つまりトヨタですよね。トヨタの派遣なんでしょ。だから元凶はトヨタなわけですね。トヨタ自動車という名前はまともにメディアに出てこない。一応私が発行している『週刊金曜日』では書きますよ。もちろん書きますけど、他のメディアでは書けないわけですよ。どこも書けないね。それで、つまりその日研総業というふうな、あるいは秋葉原の加藤智大さんという人の個人の問題というふうにもっていくでしょう。個人の問題ではなくて、もちろん全てないとは言わないけれども、もっと大きい問題としては、トヨタの問題があるわけですよね。

それとこないだ、雨宮さんが言っていたように、季節工……。

雨宮　ああ、期間工とか季節工とかの話ですね。

佐高　せめて期間工になりたいということで、あの加藤さんも試験を受けたとか……。

雨宮　派遣労働者と季節工、期間工とでは同じ仕事をしていても、待遇が全く違うんです。たとえば、ガテン系連帯という同じく日研総業から派遣されて日野自動車の工場で働いているユニオンの方たちの話だと、正社員で年収五〇〇万で、期間工だと四〇〇万で、派遣だと二五〇万というそういう三段階なんですね。期間工、季節工の下に、派遣の人たちがいて、しかも同じ仕事をしていても月収で一〇万ぐらい違うし、寮費も期間工はタダだけど、派遣労働者は寮費三万とか二万とか取られてしまうとか。派遣の人にとっては期間工は憧れというか、できればなりたいみたいにいう人はすごく多いんですね。

佐高　つまりその正社員、期間工までがトヨタの直接契約で、派遣労働者は日研総業との契約となるわけですね。そうすると五〇〇万、四〇〇万と二五〇万……。

雨宮　月によって、お盆、あるいはお正月やゴールデンウィークがあるときは工場が止まるとそのまま収入がなくなるので一月、五月、八月は月収八万ぐらいと言ってましたね。

佐高 よく秋葉原の事件の中で、加藤さんがクビって言われていたのは、間違いだったと言うけれど、それは、クビって言われるのが常態なわけですね。明日クビになっても不思議でないような状態なわけですね。それを間違いだったというように書く新聞、メディアって何だろうって思うのね。

仕事と住む所を同時に失う世界（雨宮）

雨宮 新聞とかメディアの場所にも加藤容疑者と同じような、明日とか月末どうなるかわからない契約社員っていっぱいいると思うんですけど、何かそういうことには目が向かないというのも不思議です。

あと、加藤君が六月いっぱいでリストラされるんじゃないかという脅えは、それは、実は勘違いだったみたいなふうに言われています。だけど六月は大丈夫でも、七月末にダメじゃないか、七月がよくても次の八月にどうなるかっていう、これは日研総業や他の派遣先で、全国の工場を転々としてきた彼には、突然クビを切られるということは常態である、当り前のことであるということをすでに知っているんです。知っている中で、今月クビがつながったといっても、それは一ヶ月しか保証しないわけですから。実際、そういうやり方で私の知り合いでも日研総業から愛知県のトヨタ車体に派遣されて、いきなりクビを切られて、寮もいきなり追い出されてそのままホームレスになってしまったという人もいます。仕事と住む所を同時に失う製造派遣の世界ってすごく危ないなと思いますね。

佐高　間違いだった何たらって言うなら、クビがつながったのがむしろ一時的な間違いみたいな話ですね。間違いという言い方は適切ではないかもしれないけども。その視点で考えなければ物事は見えてこないわけですね。で、常日頃、明日がない、明日への不安を抱えている生活、そういう生活を送っている人たちの、知られていない実態があまりに多すぎたなという……。

労働運動の一つのいい形（雨宮）

雨宮　非正規の側から労働組合を立ち上げたり、そういう活動があるんですけれども、その中で、最近、ガソリンスタンドユニオンという労働組合ができたんです。それは、関東礦油という会社で二〇代の男性が働いていたんですけれども、今、セルフ化とか何とかそういうことで、どんどん労働時間をカットされていって、ついに月収が八万円ぐらい少なくなるような状態になったんです。それで、フリーター労組に相談に来て、ガソリンスタンドユニオンを立ち上げたんです。

するると、フリーターの自分たちはこのままじゃ食べていけないという問題もあるんですけれども、一方で、バイトが人件費削減のために労働時間を減らされると、何店舗もかけ持ちしているような店長が出てくるんですね。クタクタになって事故を起こしてしまったりとか。そういう実態が見えてくる。そうして横断幕に「バイト首切り→社員過労死」っていうふうに書いたんです。バイトの労働時間の削減という問題と、その分を正社員が一円のお金ももらえない残業をするという問題、こうしたバイト側から出た問題意識として正社員のサービス残業のことも考えていくというのは、労働運動の一つのいい形というか。こういうふうにすごく並存している問題で一緒にやっていくことはすごくいいことだなぁと思いました。

ガソリンスタンドユニオンを立ち上げた彼は、すぐに解雇を言われたのですが、ストライキをしたり、労働審判をして、ほんとに数日前に和解をしたということで、今度祝勝会があるんですけれども。

日本の会社は宗教みたい（佐高）

佐高　日本の会社ってねえ、すごい宗教みたいなんです。社長がやたら訓示が好きなんだ。それで社長訓示集とかいって本屋にずっと並んでいる。あれがけっこう売れるんですね。

たとえば、京セラの稲盛和夫っていうのがいる。これが、全国の中小企業の経営者の稲盛シンパを集めて、稲盛和夫の盛和塾っていうのをやっている。あと、京都府八幡市の円福寺というところに行くと京セラ従業員の墓っていうのがあります。墓。希望者はすぐ入れる（笑）。私はそういうアホらしいことやってるからね、京セラの京、京都セラミックでしょう、私は京セラの京を京とは書かない。狂うって当て字をしている。詳しくは斎藤貴男さんが『カルト資本主義』（文春文庫）っていう本の中で京セラのことを書いている。

それから、社宅。世界のどこにもあるわけじゃないんです。日本特有ですね、社宅っていうのは。だって二四時間、生活を会社に縛られるということでしょう。全人生を会社に忠誠しろってことですから。だから社宅というのは他の国にはないんです。日本の学生としゃべっているとね、厚生施設のいいところ、たとえば社宅のある会社がいいとか言うんですが、私は社宅のない会社を選べと。ない、というのは、できない、作りたくても作れない会社という意味ではなくて、作る力はあるけれども作らない会社を選べと。

そして高野山にこれは京セラとは別の意味でまた会社の墓があるんですよ。それを会社の墓って社墓っていうんだけどね。外国のジャーナリストから聞かれて一番困るのはそれ。あれはどういうものなんですかって。恥ずかしいでしょう。ものすごく恥ずかしいことを、説明する。俺知らないとかも言えないし。おかしいでしょ、社宅で縛られ、なぜ、死んでまで会社と一緒にいられるのか。

雨宮　そうですね。死ぬまで働かされそうな感じですよね。

佐高　そうそう。そういうところの呪縛みたいなところを取らないとダメですね。

雨宮　そうですね。

佐高　まぁとんでもない人ばっかりいるんだけれども。弟さんはその後……生還だよね。

雨宮　はい、大丈夫です。ほんとに生還ですね。いろいろ問題は多いですけれども、はい、やめて。実家が自営業だったので、そこで働いているんですけれども、これはほんとたまたまの話で、もしそうでなかったら、多分フリーターに戻って、未だに、三〇代のフリーターだったと思います。しかも北海道はなかなか仕事がないですから、はい。

普通の人が立ち上がるときが一番恐い（佐高）

佐高　今日、マクドナルドの高野廣志さんが、話してくれましたけど、高野さんは、正直言って、闘士っていう感じがしないよね。「労働運動の活動家」という感じじゃない。でも、そういう「活動家」ではない普通の人が立ち上がったときが一番恐いんだな。

雨宮　あぁそうですよね。

佐高　それで、高校生とか大学生が働いている、その若い人たちを過労死させるような状況にはしたくないと思ったと話された。

丸裸で戦場に放りだされている状態（雨宮）

雨宮　そうですね。まず、学校で教えてほしいですね。過労死の問題であるとか、この場合は労働基準法違反であるだとか。具体的に。

ものすごい弱肉強食で、それについていけなかったら、自分の存在自体が否定されるというような現実社会では、身を守る方法を何も知らないと、若い人、もちろん若くない人たちもそうですけど、それを本当に真に受けてしまうので。

だから、顔を踏まれることでも耐えている、しかも耐えている理由が、自分のような人間を雇ってくれる会社はここしかないということだったんです。ほんとは違うのに、完全に洗脳状態です。お前のようなダメな奴は他のところでは使い物にならないと言って、ものすごい暴力に耐えざるをえないっていうような状況を本人も本気で信じてしまう。雇ってくれているんだからありがたいと思わなくちゃいけない、どんなひどい暴力を受けてもそれは自分のせいなんだっていうような、自分にはそこしか居場所が、ここを辞めたらほんとに先がないんだっていうように思いこまされている。そういう若い人の話を聞くと、丸裸で戦場に放りだされている状態だと思います。

もう本当にいかに企業はひどいものかということを、セクハラだとか、パワハラだとか、サービス残業だとかを徹底的に言わないと。

教師は実際の現実を知らない（佐高）

佐高　大学の先生っていうのは知らないからね、ま、高校の先生も知らない。一番知らないのは教師なんです。会社の話って。私もかつて教師時代はそうだったしね。会社っていうのは一番遠いんですよよ、学校から。それで、大学で話したときに、学生に向って一番言ったのは、素直になるな。まさしくそうですね。素直になるな、素直になって、これ以上学校の先生の言うことを聞くなと。素直になって親や学校の先生の言うことを聞いていたら、あなた方を待っているのは間違いなく過労死だと。

会社ってまさかそんなひどいものじゃないと思って入ってきたら、上司の言うことを何でも聞くわけでしょ。それで何年か前に長崎大学で集中講義したことがあって、そんなことを話したら、学生がね、質問に立って、組合っていうのはないんですかって。正しい質問だよね。しょうがないから私はね、「ある」けど「ない」と言った（笑）。

学校の先生は理想形みたいなのばっかりを教えている。現実とのギャップがね。実際の現実を知らなきゃならないですね。

労働組合を信じるなと言うオジサン（雨宮）

雨宮　そうですね。理想形というのを学生時代からすごく刷り込まれていました。

今、なかなか正規雇用で就職というのは難しいわけですが、それでも学校では、フリーターになっちゃいけない、フリーターと正社員の生涯賃金がこんなで、こんなに損だみたいなことを言っている。若者の非正規雇用率が五〇％なのに。そういう現実に全くそぐわないことを、とにかく正社員になれといって、正社員として採ってもらえるんだったらどんなことでも耐えろっていう。とても労働運動というようなことに結びつかないですよね。もう教育課程でガチガチに刷り込まれているなという感じで。

安倍政権時代、再チャレンジ系のイベントに呼ばれたことがあったんですが、そこに労働組合の人とかも来て話をするんですけれども、全然関係ない商店街のオジサンとかが来て、労働組合とか絶対信じちゃいけないとか、若者にすごい何か説教する。労働組合とか労働者の権利と言ったら雇ってもらえないから、そんな態度では絶対ダメだ、働かせてくれるだけでありがたいと思え、みたいな。労働者の権利とか考えてもいけないみたいなことを言っているのを見てほんとびっくりしたんですけれども。そういうことを再チャレンジの予算を使っているイベントで言っちゃっているというのは話がおかしいなと。

連合の高木会長はどうでした？（佐高）

佐高　あのう、雨宮さんは連合の高木会長と対談したよね？　あの人は、ちゃんとわかった？

雨宮　わかったってどういう意味ですか（笑）。はい、話は聞いていただきました。

佐高　何か言ったの？

雨宮　いや、ただ私の話を聞いてくれたということだったと思います。

佐高　こないだね、日教組の組合員といろいろ組合運動について話したの。そしたら、雨宮さんにアドバイスしてくれないかなあと。私は、バカなこと言うんじゃねぇ、あなたの方が先輩でしょうと言いましたが、日教組はもうしょうがないけど、元日教組の私としては腹が立ってね（笑い）。だけど一方で、雨宮さんが関わっているインディーズ系労組というのは、けっこう頼りになるじゃんみたいな感じがしますよね。

間違いだと気付くのに一〇年かかった気がするんです（雨宮）

雨宮　そうですね。九〇年代に雇用が破壊されている状況があるのに、周りを見渡してみても、就職試験に一〇〇社ぐらい落ちて、それが自己否定の機会になっていて、不安定な生活に陥っていく。

自分のせいではないのに、世の中からはバッシングされて、心を消耗していって、とにかく自己責任だと言われている。自分が自己責任だと思ってしまうと、それは労働とか雇用とかとは全く関係なく、自分だけがだらしない心の問題だみたいな。すると結局は自分を殺すしかない。それが間違いだと気付くのに一〇年ぐらいかかった気がするんですね。二〇〇二年から二〇代、三〇代の死因の一位はずっと自殺ですし、二〇〇五年には三〇代の自殺者が過去最高になったんです。二〇代、三〇代、ロストジェネレーションといわれる世代は、そういう状況を、一〇年以上我慢してきた。で、景気が回復すれば何とかなるんじゃないかと思っていたら、もっととんでもないことになっていて。そういう流れでインディーズ系労組が作られてきたのかなというように私は思っています。

佐高　何かいろいろスローガンがありますよね。

雨宮　「麻生は生コンをうて」とか。

佐高　麻生太郎ね、今度幹事長になった。麻生セメントの社長だったもんね。

雨宮　はい、そうです。あと、「派遣会社はピンハネをやめろ」とか、「過労死は奥谷禮子の責任」だとか。

佐高　おもしろいね。雨宮さん、自己責任というのから解放されて闘っているとかなり楽しい？

韓国の人たちとも連帯をしていきたい（雨宮）

雨宮　いや、すごく楽しいです。楽しいというか、ずっと自分が悪いと思って、自分を責め続けてきた人たち、ニートとか引きこもりとか心を病んでいる人たち、今までずっと精神医学の領域で投薬とかカウンセリングとかしても治せなかった人たちが、労働運動に参加して、こんなに政治的な背景があって、グローバリゼーションの問題、新自由主義の問題を知って、なんだ自分だけじゃなくて社会が悪いんだと気づいた瞬間にすごい元気になったりするんです。

そして、労働運動を滅茶苦茶盛り上げている人たち——しかも女の子たちも多いんです——とかがいて、そういう人たちとの連帯があって——もちろん、全ての心の問題が解決するとは限らないですけど——、実際に盛り上がっている今の状況はすごくおもしろいと思いますね。

あと、私、明々後日ぐらいから韓国に取材に行くんですけれども、韓国の人たちとも連帯をしていきたいなと思っています。先日、反G8キャンプに行って、世界三〇カ国ぐらいの人たちとキャンプ生活をしたんですけど、そこに韓国の人たちが来ていて、韓国って、非正規雇用率が五〇％以上なんですよね。全世代で。それで非正規雇用を問題とした焼身自殺とかが起っていて、抗議の自殺なので「全非正規雇用者を人間らしく扱え」、そういう遺書を残しているんです。また、『八八万ウォン世代』（八八万ウォンは、日本円にして一〇万六〇〇〇円）という本が、大ベストセラーになっていて、八八万ウォンは韓国の若い世代の非正規雇用者の平均月収だというんです。新自由主義のもとで日本と同じような問題が韓国でも広がっていて、日本の二〇代、三〇代の若い世代もつながっていけると思うんです。

佐高　私もずっと組合的な運動に関わってきましたけれども、オジサンたちはもうどんどん衰退していくわけね。それを生き返らせる、甦らせるには、若い女性が入らないとダメだね。だから雨宮さんにはもっともっと活躍してもらいたいですね。その話を最後の希望として二人のトークを終えたいと思います。失礼いたしました。

雨宮処凛（あまみや　かりん）
一九七五年北海道生まれ。愛国パンクバンド「維新赤誠塾」などを経て、二〇〇〇年『生き地獄天国』（太田出版、後に同名書でちくま文庫）で作家デビュー。著書に『生きさせろ――難民化する若者たち』（太田出版）、『バンギャル　ア　ゴーゴー』（講談社）、『雨宮処凛の闘争ダイアリー』（集英社）など多数。

佐高　信（さたか　まこと）
一九四五年山形県酒田市生まれ。高校教師、経済雑誌の編集者を経て評論家に。「社畜」という言葉で日本の企業社会の病理を露わにし、会社・経営者批評で一つの分野を築く。経済評論にとどまらず、憲法、教育など現代日本について辛口の評論活動を続ける。『田原総一朗への退場勧告』（毎日新聞社）、『抵抗人名録』（金曜日）など多数。

過労死をなくそう！　龍基金（代表：中島晴香）
連絡先
〒125-0062　東京都葛飾区青戸３－33－３　野々村ビル１階
ＮＰＯ法人労働相談センター内
TEL　03-3604-1294　　FAX　03-3690-1154
Ｅメール：toburoso@ka2.so-net.ne.jp

〈協力団体〉
全国一般労働組合全国協議会東京東部労働組合
〒125-0062　東京都葛飾区青戸３－33－３　野々村ビル１階
TEL　03-3604-5983　FAX　03-3690-1154
Ｅメール：toburoso@ka2.so-net.ne.jp

〈同時代〉ブックレットシリーズ
「名ばかり店長」「名ばかり労組」じゃたまらない

2008年10月15日　初版第1刷発行

企画・編集　過労死をなくそう！　龍基金
装　　幀　クリエイティブ・コンセプト
発 行 者　川上　徹
発 行 所　㈱同時代社
〒101-0065　東京都千代田区西神田2-7-6 川合ビル
電話 03(3261)3149　FAX 03(3261)3237
印　　刷　モリモト印刷株式会社

ISBN978-4-88683-634-2